遠国の春

Shunsuke Okunishi
奥西峻介

遠国の春

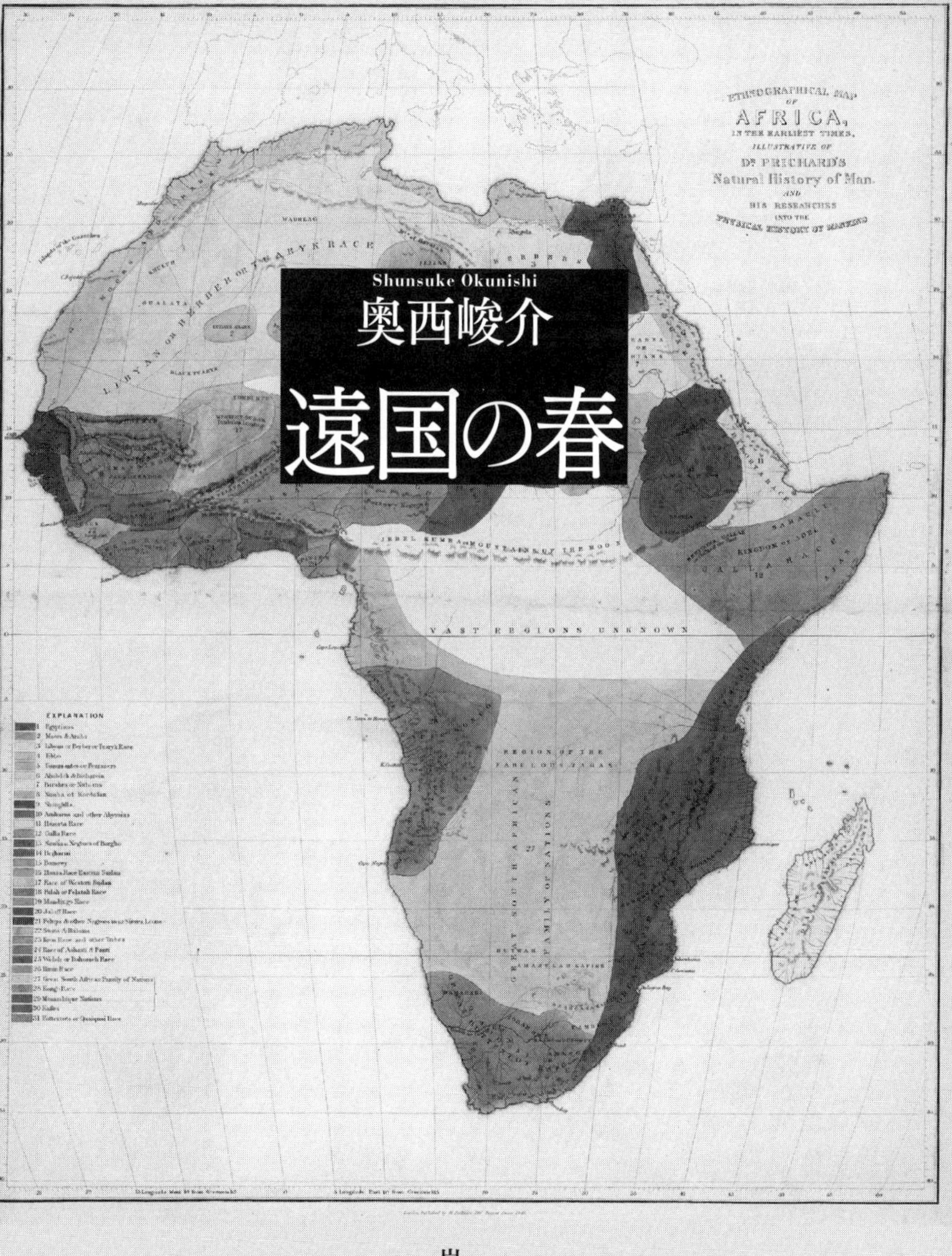

岩波書店

はじめに

ときどき取り出しては眺める六枚の地図がある。ヨーロッパ、アジア、アフリカ、北アメリカ、南アメリカ、オセアニアの六地域をそれぞれ全判(七〇×五五センチメートル)に印刷したもので、一九世紀中頃の民族の分布が手彩色で美しく描かれている。J・C・プリチャード『ヒトの博物誌』の付録だった(カバーおよび扉参照)。

著者のプリチャードは、国際反奴隷制協会(ASI)の前身の原住民保護協会(APS)に最初期から参加し、英国王立人類学会(RAI)の前身であるロンドン民族学会(ESL)会長を務めた人物で、人類の多様性に関心を持ちながらも、人種や民族や宗教を越えた「人間性」の存在を信じていた。「老年痴呆(senile dementia)」の名付け親でもあった。

当時は、その土地に固有の民族が存在すると信じられていた。政治的な国境とは無関係であるから、ヨーロッパはモザイクのように色分けされている。北アメリカも原住民によって細かく塗り分けられている。オーストラリアのタスマニア島は本土とは別色になっている。まだタスマニア人の生存者がいたのである。アジアでも、北海道、ロシアの沿海州、サハリン島、千島列島、カムチャッカ半島南端は一色だが、シベリアや日本の本土とは異なった色に塗られている。この地域はアイヌの土地だと思われていた。

リヴィングストンがザンベジ河を遡りヴィクトリア湖を発見する前であるから、アフリカの中央部は無色のままで、「広大な未知の地域」とのみ書かれている。南アメリカのアマゾン河の上流域も同様である。「黄金郷《エルドラード》」の幻想が命脈を保っていた時代であった。今日、同じような地図を作れば、地球上のどこにも「未知なる」空白地帯はないだろう。未踏地の探検や秘境の冒険は過去の思い出となってしまったのだろうか。

アフリカ奥地やアマゾン源流の「未知の世界」と言っても、それはプリチャードなどのヨーロッパ人の目から見ればという意味で、すでに大昔からそこにもヒトは住んでいた。地理上の発見も新世界も同様である。すべてこの種の「発見」や「未知」とは主観的なもので、探訪者や旅人にとっては初めての見聞であったに過ぎない。

逆に言えば、旅や探検の意味は、それを行う者自身が何を「発見」するかによって決まる。それが満足な道路地図もない国の旅行でも、有能な添乗員が細心の気遣いをしてくれる観光であっても変わりはない。人影もまばらな土地を独力で旅をしたとしても、昔の旅行記や民俗誌と同じ感想しか得ないのであれば、旅の価値は半減するだろう。要は旅人自身が何を感じるかである。その土地が有名な保養地であろうと、あるいは前人未踏に見えようと、そのことで旅の評価が決まるのではない。

三歳の頃だったと思う。母親の後を追って辻の角を曲がると、見知らぬ街が広がっていた。実は、母親は角の手前の家に入ったのだが、遠目には辻を曲がったと見えたのだった。その時の「絶望」が記憶に残って、自分が見知らぬ異国へ行くとは想像さえできなかった。しかも、映像や画像が今ほどに日常的ではなかった。外国とは文字を通して知り、頭の中で空想する世界だった。しかし、子供のころから親しんだ外国文学に違和感を覚えることもなかった。大人になって、図らずもさまざまな国や土地に行くことになり、自分なりの発見があった。その発見の多くは、以前から漠然と思っていたことの確認であった。その中から、遠い国で春に気づいた旅の思い出を述べようと思う。

若いころには、無知ゆえにありふれたことにも感動した。また、清新な感覚をもっていたからか、遥かに心を動かすことがあった。今から思えば、若気と浅学に羞恥を禁じ得ない。しかし、そのような未熟が懐かしく思える年齢になったのである。

目　次

目　次

I 沙漠に春を追いかけて

ペルセポリス
（ユージン・フランダン『ペルシア旅行記』1851年より）

1　沙漠の旅

春になったので旅に出た。一四世紀のアラブ人旅行家イブン・バットゥータがペルシア南部の古都シーラーズからペルシア湾の奥のチグリス・ユーフラテス河の河口へ向かった道程を、逆行することにした。車で沙漠を渡る旅である。沙漠と言っても、西アジアは砂ばかりではない。岩や土の部分も少なくない。ただ、植生が疎《まば》らで、人家もなければ、寂寞たる平原である。

西アジアは塩の大地である。中生代から新生代にかけての造山運動で褶曲《しゅうきょく》山脈が隆起したとき、間にある海が干上がるとともに、周囲の山地から土砂が流れ込んだ。そうして形成された平原は、もとが海であったからか塩性が高い。乾燥地帯といえども、雨は降る。しかし、塩気が濃い大地となれば、育つ植物も少ない。たいていは荒寥とした褐色の大地が広がっているだけだ。雨水は遮るもののない山を滑り下り、たちまち大水となって平原を覆うが、それも束の間で、雨が止むと洪水が嘘であったかのように水は地中へと消え去る。そして、水流の跡にしたがって、地表は真っ白に塩を吹くのだ。幸い消え残った水は一カ所に溜まって塩湖となるが、流入する水も強い日照りと乾燥で凝縮され、極限まで塩分濃度が高くなる。こうして太古の海の残滓《ざんし》である沙漠の湖は死の世界となった。イランの西北部にあるウルミア湖もその一つで、湖中に棲む生物はなく、塩が結晶して石筍《せきじゅん》のように水面から屹立している。

小さい人たち

果てしない沙漠の旅の途中で立ち往生したのではかなわないと、かねてより調子の悪かった自動車を修理することにした。酷使された中古車で車軸も歪んでいるらしく、タイヤの同じ側面のみが極端に早く摩耗するのだった。

この地の自動車修理は分業が進んでいる。足回りは足回りの、エンジンはエンジンの、電気系統は電気系統の、板金は板金の、とそれぞれの専門工場があり、それが郊外の一ヵ所に集まっている。だから、その修理工場団地のところへさえ行けば、どのような自動車でも修理してくれる。ただし、最初にどこに問題があるか診断を受ける必要がある。そこで診断屋に車を持っていったが、あいにく親方が留守であった。年端も行かぬ小僧が出てきて、そう告げた。同行した日本人の友人は不運を呪ったが、私はこの小僧が何とかしてくれると思った。この国には「子供」ではなく「小さい人」しかいないことを知っていたからである。石油臭い水しかない村で瞠目したことを思い出していた。

天は二物を与えないのだろうか。その大地は地下の石油で無限とも思える富を産むのだが、地上に住む者は飲み水にさえ困るのである。そのような土地で砂糖黍《きび》を作る少数民族の寒村に、日本人の友人と二人で入った。紀元前四世紀にペルシア征服に向かったアレクサンドロス大王の一行が「蜂無し蜂蜜」と驚いたと伝説に語られる砂糖の原産地(インドとかニューギニアという説もある)を見たかったのである。英語の「シュガー(sugar)」などヨーロッパ諸言語の砂糖は、サンスクリットの「シャルカラー(śarkarā)」またはペルシア語の「シェカル(šekar)」に由来する。それがアラビア語(sukkar)を通じて借用されたのであろう。

言葉が通じないので、子供を通訳に使う。子供は学校で公用語を勉強させられているのである。すぐに憲兵隊がジープを駆ってやって来た。村人の誰かが異邦人の来訪を通告したのであろう。観光という言い訳に納得したのかどうかはわからなかったが、ともかく憲兵隊は去った。そうなると、村人は家の中に招き入れてくれて、貴重な水を接待に出してくれた。おそらく家畜と共用である水が果たして透明だったかどうか、家の中は薄暗くて確かめようがなかった。その前の日、飯屋もないので自炊することになったが、どうしても井戸から汲んだ水で米を炊くことができず、水売りから買った水を使ってしまった。加熱消毒される煮炊きには井戸の水、そのまま使う洗いものには買った水と理性ではわかるのだが、感情が許さなかった。ほとほと自分は現地調査に向かないと思い知った翌日だった。

そんな村に、小柄な少女がいた。少し打ち解けてくると、彼女は私たちにつきまとうようになった。そして、私の友人に尋ねた。「一緒に「女《ザン》」がいるか」と。お互いに片言の公用語での会話だ。彼は「そんな者はいない」と応えた。途端に少女は彼に流し目を送るようになった。幼い少女の媚態に辟易《へきえき》した彼は、「東京には妻《ザン》と子供が待っている」と告白した。翌日からは「修羅場」である。

「男に騙された」と少女が叫びまわるのである。もちろん、村人さえも誰も取り合おうとはしなかったが、治まるのに一週間はかかった。

彼女は実際には一二歳だったが、婚期を逸していたのである。多くの少女は一〇歳ぐらいで嫁ぐ。新婚の青年に、「礼儀」に従って、「子供は何人か」と訊ねると、恥じ入るように瞬いて「妻が幼いのでまだ出来ない」と応えられたことがある。子供がないことか、妻が幼いことか、そのどちらが恥ずかしいのかを質《ただ》す勇気はなかった。若い男がことごとく出稼ぎで留守である村で、一二歳の少女は焦っていたのであった。

何歳から「大人」になるのかは、国や文化によって異なる。フィリップ・アリエス『〈子供〉の誕生』によれば、ヨーロッパでも一六世紀までは「子供」というものは存在しなかった。存在したのは、七、八歳以前の「動物と同じもの」と、七、八歳以降の、謂わば「小さい人」だけである。砂糖黍の村で大人の通訳をした子供も、色目を使った一二歳の少女も立派な「人」で、単に小さかっただけである。だから、自動車工場の「小さな人」も問題なく仕事をこなすと思った。ただ、悲しいかな、彼は余りにも小柄で、運転席に座っても足がペダルに届かなかった。彼は、そんなことに挫《くじ》けることはなく、見物に集まってきた男たちの一人に、代わってエンジンをかけてみよ、と命じた。命じられた男も何のわだかまりもなく、運転席に座って言われるままにイグニッション・キーを回し、アクセルを踏んだ。

けっきょく、点火プラグの劣化が問題だとわかり、エンジン修理専門店で新しいプラグにした。

ただし新品ではなく、中古の再生品である。右ハンドルの自動車を、部品をまったく追加せずに左ハンドルに改造できる国である。どんな中古の部品でも、長く大事に使用されるのである。車軸の歪みを直すと大金がかかるので、その方は諦めて、タイヤを交換するだけにした。それで、今回の旅ぐらいは保つだろう。

沙漠を歩く人

単調な平原を真っ直ぐに延びる道路をひたすら走った。前にも後にも車はない。対向車にも出会わない。遥か彼方に山脈が見え、その峠へと道が続いている。それが目標となってから一時間は過ぎた。しかし、いっこうに山裾が近づかない。時速は一〇〇キロメートルだから、一〇〇キロメートル以上先が見えているということになる。

竜巻が何本も立っているのが見える。距離感がないので、それが小さな旋風ていどのものか、避けるほど危険な規模なのか判断がつかない。聞こえるのは、自動車のエンジンの唸り声と開け放った窓が風を切る音だけである。

単調な噪音しかないところには静寂がある。南梁(六世紀前半)の詩人、王籍《おうせき》が望郷の念に駆られて「蟬噪林逾静　鳥鳴山更幽(蟬噪《さわ》いで林いよいよ静かなり／鳥鳴いて山さらに幽なり)」と詠った心境が思いやられる。一片の雲もない晴天の下、行けども行けども変わらぬ茶褐色一色の平原に幾筋もの竜巻が立ち、不気味な沈黙があった。

道の先に点のような人影が見えて、またたくまに近づいてくる。棒に挿した荷物を肩に路傍を歩く人が、日焼けた顔だけで車を追った。少し追い越して車を止めると、男は小走りに寄ってきて、無言で後部座席に乗り込み、黄ばんだ歯をむいて「モケチャラム《ありがとう》」とのみ言った。ふたたび静寂の中を一五分ほど走ると、風景はぜんぜん変わったように見えないのに、男は「インジャー《ここで》」と、停車を命じた。男は舗装路を離れて、沙漠の中に消えていった。村どころか目印らしきものさえ私たちには見えないけれども、現地の人々にはわかるのだろう。

峠にたどり着いたのは日没が迫ってからである。山間の小村にようやく一軒の旅籠《はたご》を見つけた。一室の部屋代が昼食代にも及ばぬ安宿で、寝台の中央がヒトの形に窪んでいた。そこに身を横たえるとひやりと冷たかった。極端に乾燥した風土に似合わぬ湿り気はヒトの脂に違いないと思うと、頭が冴えて眠れなかった。

回教寺院の円蓋や尖塔が金色に輝き華麗な装飾タイルに覆われているのは、単に宗教施設としての神々《こうごう》しさのためだけではないと気づいていた。無人の自然が広がる大地では、誰しもが人恋しくなるものである。都会の雑踏にあっては、見知らぬ人に決して挨拶することはないのだが、一日の孤独な山行の果てに思わず人に出会ったときには、言葉をかけたくなる。独行の途上で以前に通った人の痕跡を見つけた感慨を「くずの花　踏みしだかれて色あたらし　この道を行きし人あり」と詠った釈迢空《しゃくちょうくう》の気持ちは、人里を離れて旅する者に共通しているだろう。変化に乏しい風景の長い旅程の後、地平線のかなたに、いかにも人工物だと見える寺院の円蓋や尖塔が夕陽に光るのを見たとき、どれほどの安堵を覚えることか。近代以前の旅行記の挿絵に、城壁に囲まれた都市へ駱駝《らくだ》や驢馬《ろば》を連ねて入っていく隊商の一行を描いた鳥瞰図が多いのは故なきことではない。過酷な自然は調和の相手などではなく、競うべき、さらには克服すべき対象である。

沙漠の迷路に陥った人を助けるのは、全身を緑に装ったヒヅル(Khiḍr)という天使だとされる。彼は、アレクサンドロス大王が「生命の水」の探訪に闇の国に向かったとき道案内をした人物だったが、おそらく、長旅に疲弊し、地理上のみならず精神的にも道に迷った人をも助ける者だったろう。昼間、途中で同乗し沙漠に消えた村人は、緑の服をまとってはいなかったが、無聊《ぶりょう》に苦しんでいた私たちを助けるために現れたヒヅルの化身ではなかったかと思った。そのような妄想にかられながら、睡魔に襲われていた。

2　王に選ばれた場所

ペルシアの城邑《ポリス》へ（一）

テヘランが東京なら、エスファハンが京都で、シーラーズは奈良である。だから、シーラーズには古いペルシア文化が香っている。ペルシアを代表する抒情詩人ハーフェズ(一四世紀)も、警世の詩人サアディー(一三世紀)も、この町に生まれ、この地に葬られた。彼らの廟はいつも観光客で賑わっている。ペルシアの抒情詩を彩る夜鶯《ボルボル》(Luscinia megarhynchos)や薔薇は、シーラーズの庭園にこそ似つかわしい。ペルシアでは、花《ゴル》と言えば薔薇《ゴル》なのである。サアディーは『薔薇園《ゴレスターン》』に説く、「荒波を恐れぬのなら、海路《うなじ》の旅も面白かろう。棘が気にならぬのなら、薔薇とのつきあいも楽しかろう」と。

古都シーラーズの市場

テヘランの都会生活に疲れると、長距離バスに乗ってシーラーズへ通った。約七〇〇キロメートルの距離は飛行機なら一時間半だが、バスなら一四時間もかかる。しかし、風景が単調なだけに、バスが山裾のオアシスや宿駅に停車するごとに、目的地が近づく期待感が堪らなかった。

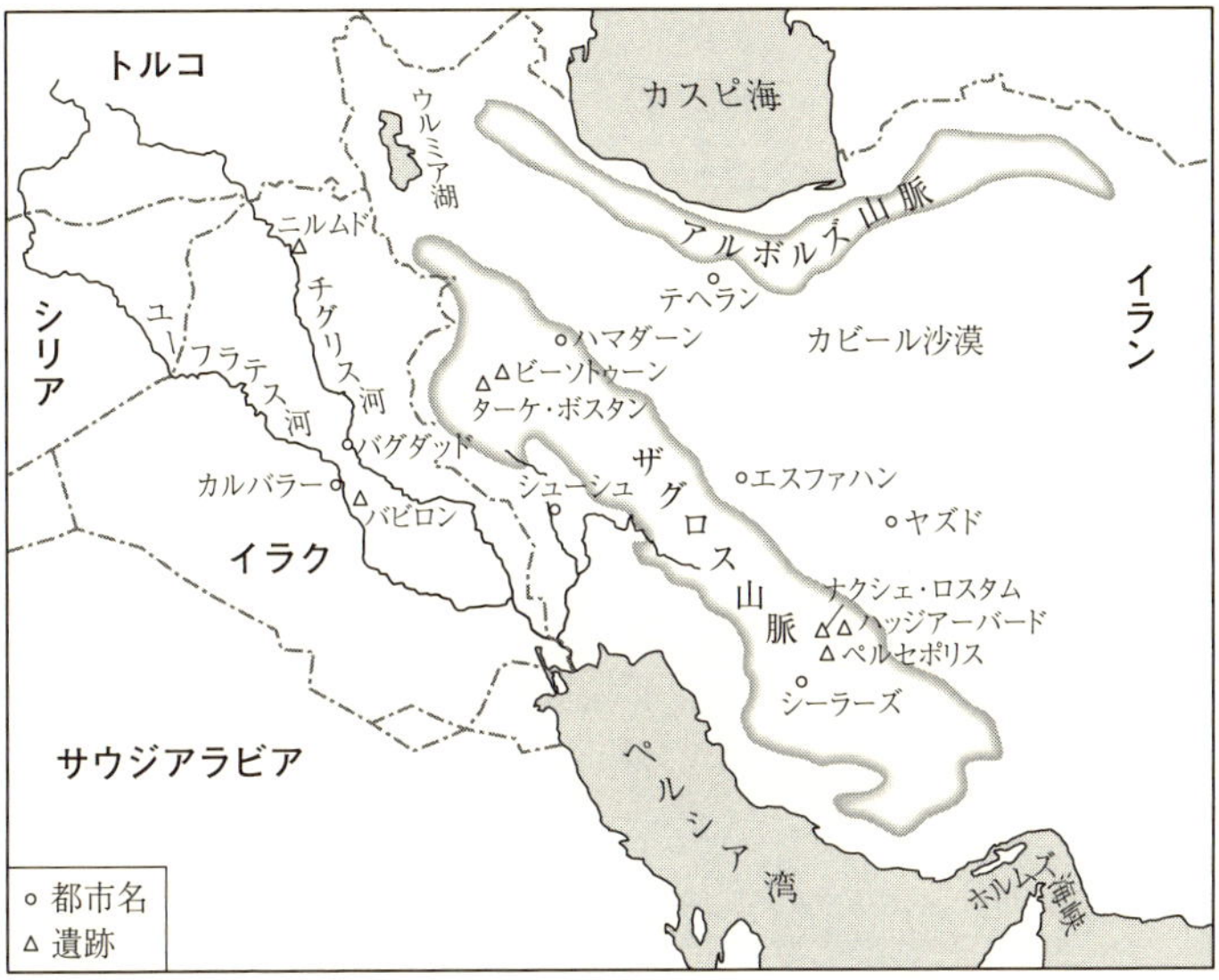

本章に関連する主な都市・遺跡

シーラーズのヴァキール市場《バザール》は一一世紀に始まったと言われ、今も「ペルシアの市場」の雰囲気が漂っている。日干し煉瓦の円蓋《ターク》が連結されて街路を形成し、青果、肉、絨毯、香料、生薬、工芸品、骨董、日用雑貨、布地などを商う店が並んでいる。隊商宿《カールヴァーンサラー》や風呂屋《ハンマーム》もある。

石や煉瓦は上に積み上げることはできるが、地球の引力に抗して水平に繋ぐことはできない。しかも、屋根を葺くにも梁にする木材が希有な土地柄である。そのような風土がアーチの技術を産み出した。そして、二次元のアーチを三次元にすれば、円蓋《ドーム》になる。この地ではその技術が極限に達している。水平にしか見えない床も実は円蓋で、絶妙の均衡が重力をうまく四方の壁に分散していて床が抜けないのだ。しかし、何かの弾みで煉瓦が一つでも外れれば、ひとたまりもなく落ちるとわかるから不安になる。石や煉瓦のように硬質の材料でできているはずの床が、歩くたびに撓《たわ》むように感じるときはなおさらである。シーラーズの市場も、そのような技術の結晶の屋根が数メートルの高さのアーケードになっている。円蓋の中央には天窓《ロウザネ》が開いていて、そこから光が光線となって路上に注ぐ。針穴カメラと同じ原理なのか、光は拡散することなく、スポットライトのように差し込んでいる。今ではどの店にも電灯が点《とも》りけっこう明るいのだが、部屋の隅などに何となく暗さが漂っていて、かえって商品が立派に見えたものだ。

久し振りにバザール商人の旦那《アーガー》が屯《たむろ》するような茶店《チャイハネ》に入っていくと、水煙管《カルユーン》を咥《くわ》えている男が視線で入場を許してくれた。奥の方では別の男が陶酔に目を泳がして煙草をふかしている。もしかしたら、煙草に芥子の花托《かたく》を混ぜているかも知れない。阿片を採った後の干からびた芥子坊主を生薬屋《アッターリ》の店先でときどき見たが、砕いて煙草に混ぜても効果があるのだと聞いたことがある。壁にはモハンマド・モサッデク(一八八一頃～一九六七)の古ぼけた写真が貼ってある。彼は第二次世界大戦後に石油国有化政策を進めて短命に終わった首相である。王政時代には、男たちが煙草を吹かしながら政治談義に唾を飛ばし、世直しを夢見た店だったのだろう。革命も昔となった今では、男たちは何を語っているだろうかと思いながら、茶を一杯喫しただけで早々に退散した。

南東へと向かった民族

シーラーズはファールス州の州都である。このファールス(Fārs)は古代ペルシア語ではパールサ(Pārsa-)と呼ばれた。これが「ペルシア」の語源である。アラビア語にはパ行音がないので、イスラム化以降にファと訛ったのであろう。このシーラーズの東北七〇キロメートルにペルセポリスがある。

日本列島がタツノオトシゴならペルシアは「片眼猫」である。西を向いて坐ったネコの左眼がウルミア湖だ。その首筋から背中にかけて走るのがアルボルズ山脈、左足から腹にむかって延びるのがザグロス山脈である。だから、ペルシアは大ざっぱに言えば、この両山脈が周囲を取り巻く盆地である。

アルボルズ山脈は古代にはハラティー・バルザ(haraitī- barəzah-)すなわち「高きハラティー」(ハラティーの原義は「見守る〈もの〉」)と呼ばれた。紀元前一千年紀に成立したと言われるゾロアスター教の聖典『アヴェスター』の「地祇の頌歌《ザムヤード・ヤシュト》」には、「最初にハラティー・バルザが大地から聳え立ち、水に洗われる岸辺に沿って東へ延びた」と歌われている。水に洗われる岸辺とはカスピ海のことだろうか。それから一〇〇〇年以上のち、九世紀ごろに書かれたゾロアスター教の神話的宇宙論『原初の創造《ブンダヒシュン》』の「山の章」においては、ハラティー・バルザはハルボルズ(harborz)と呼ばれ、それから生まれた二二四四峰とともに世界を取り巻いていると語られる。人々が地理上の知識を広めていったのがわかる。

ウルミア湖の南岸に遠征したアッシリアの王シャルマネセル三世(在位前八五八〜八二四)が、紀元前八三五年に「パルスァシュ(parsuaš)」と「マタイ(matai)」に出会った。民族名だったか出身地名だったかはわからないけれども、ペルシアとメディア(古代ペルシア語 Māda-)が歴史に登場した瞬間である。おそらくユーラシアの中央部、アラル海の西ないし南にいた民族が南下してきたのである。その後にもアッシリアの王は遠征のたびに彼らに出会ったが、その場所から彼らがザグロス山脈に沿ってさらに南下していったことがわかる。アッシリアが滅んだ紀元前七世紀には、メディアはカスピ海とペルシア湾の中間辺り、現代のハマダーンを都エクバタナ(古代ペルシア語Ha^{m}gmatāna-)として大王国となり、ペルシアは更に南東に移動して、テヘランとエスファハンを結ぶ線の延長上、ペルシア湾から直線距離で約一五〇キロメートルの盆地に定着し、先住民のエラム人に代わって土地を支配し、メディアの属州ペルシアとなった。

美し国パールサの城邑か

このペルシアを故郷とするキュロス大王(在位前五五九〜五三〇)が宗主国のメディアを倒し、さらには、イランのほぼ全土を治めるペルシア帝国(アケメネス朝)を建てた。それを引き継いだダレイオス一世(在位前五二二〜四八六)が版図をインドからリビアまで拡大した。そして、ペルセポリスの建設を始めたが、紀元前三三一年にアレクサンドロス大王に征服されたときにもまだ工事が続いていたと言われる。

そのペルセポリスの遺跡は、南北約四五〇メートル東西約三〇〇メートルのほぼ長方形の石の基壇とその上に建てられた建築群の遺物だが、実に謎めいている。何のための建築物であったか明確にはわからないのである。

ペルセポリスはギリシア語で「ペルシアの城邑《ポリス》」という意味である。ペルシア帝国の首都だとされるが、それを古代ペルシア人が何と呼んだかも明らかではない。不思議なことに、諸王が残した少なからぬ碑文にもペルセポリスを明示する言葉が見えない。この遺跡ないし都自体も「パールサ」と呼ばれていたと言われるが、「良馬と良民をもつ国《ダフユ》パールサ」や「パールサのヤウティヤーという地方のターラワーという村」という表現が碑文に見えるから、パールサは城砦よりはずっと広い領域を指したであろう。

同時代のギリシア人も語ることはない。ヘロドトスは、『歴史』でペルシア戦争の顚末を述べるにあたって現地の見聞を怠らず、戦後のバビロン(古代ペルシア語 Bābiru-)を訪ね、おそらく首都スーサ(古代ペルシア語 Çūsā- 現在のシューシュ)にも足を延ばしたが、「アグバタナ」すなわちメディアの古都エクバタナについて語ることがあっても、ペルセポリスには一言も触れていない。アルタクセルクセス二世(在位前四〇四～三五九)の宮廷医であったクテシアスも、その著書『ペルシア誌』の現存の残簡を見る限りでは何も伝えていない。

ソクラテスの弟子であったクセノポンは『キュロスの教育』(八—六)で、ペルシアの王は春の三カ月はスーサで、夏の二カ月はエクバタナで、冬の七カ月はバビロンで過ごすと述べているが、ペルセポリスへの言及はない。彼はアルタクセルクセス二世の弟キュロスがおこした反乱(紀元前四〇一年)に傭兵として加わり、敗北ののちバビロン辺りから兵一万を率いてギリシアへ逃げ帰った経緯を『アナバシス』に書いたので、ペルシアの事情に通じていたはずである。

アテナイオスが二世紀頃に書いた『食卓の賢人たち』(一二—五一三)によると、ペルシアの王は冬はスーサで、夏はエクバタナで、春はバビロンで、秋はペルセポリスで過ごしたという。アテナイオスの情報源が不明だし、滞在する季節も『キュロスの教育』と合わないが、王がペルセポリスに常駐しなかったことは事実であろう。

そもそも「ペルセポリス」という語は、アレクサンドロス大王の征服ののちに現れたのである。後世の伝記によれば、大王はペルセポリスを特に念入りに毀損したから、「掠奪《ペルシス》の城市」という意味も兼ねているとも言われる。ペルシア人の起源を英雄ペルセウスの息子ペルセスに求めたギリシア人が考えそうなことである。

今は廃墟として残るペルセポリスを首都(mētrópolis)と呼んだのは、紀元前一世紀の歴史家ディオドロス・シケリオテスである。「メトロポリス」とは、植民都市にたいする「母体都市」が原義で、そこには精神的な拠り所としての「母なる城邑」の意味もあったのではあるまいか。

遺跡を歩く

現在は世界遺産として整備されているペルセポリスは、二〇世紀の初頭には、半ば土に埋まる基壇と一〇本余りの石柱、石門、窓枠が残るだけの遺跡であった。ササン朝時代には、現代より多数の石柱が立っていたらしく、サド・ストゥーン(sad-stūn)すなわち「百柱」と呼ばれていたようである。シャープール二世(三世紀)の弟でサグスターン(古代のサカスターナ、現在のスィースターン)の太守であった者が配下の族長たちを伴ってペルセポリスを訪れ、そこに刻み残した碑文でそう呼んでいる。イスラム時代の人々は、タハテ・ジャムシド(taxt-e Jamšīd)と呼んできた。「ジャムシドの玉座」という意味である。

ジャムシドとは、「輝けるジャム」との意味で、一一世紀初めにフェルドウスィーが古くからの伝承を集大成して編んだ民族叙事詩『王書《シャーナーメ》』に登場する神話的人物である。彼は、新年を定め、社会を祭司、戦士、農民、職人の四階層に分け、兵器や家屋や船舶を工夫した文化英雄で、聖典『アヴェスター』では、イマ・クシャエータ(Yima-・xšaēta-)「輝けるイマ」と呼ばれる。このイマは、古代インドの聖典『リグ・ヴェーダ』のヤマ(Yamá-)、仏教の閻魔《えんま》に対応する。ラテン語のゲミニ(Gemini)すなわち「双子座」と同源で、原義は「双子」であったらしい。日本神話のイザナギ・イザナミのように、姉と夫婦となって世界を産んだ。そして、最初の人間として死んだために、冥界の王となった。ペルセポリスが精確に何たるかは忘れられていても、断片的な記憶が伝承されていたのだろう。

ピラミッドのようなオリエントの古代遺跡は、遠路の果てに初めて視野に入ったとき、意外に小さいとの印象を受ける。約一四ヘクタールに及ぶ基壇が広がるペルセポリスも例外ではなかった。現代都市の高層ビル群を見慣れているからかもしれないが、一八世紀ごろの旅行記の挿絵でも山際にこぢんまりとした姿に描かれている。何物も視線を遮ることのない大自然のなかでは、しょせん、人間の所業はささやかに見える。しかし、近づいて我が身に比べると、その大きさに驚かされる。それと同時に、人間を越えた存在に圧倒されながらも、己が限界に挑戦するかのように巨大な建築物に情熱を注いだ事実に、人間の性《さが》を見たように思えて複雑な気持ちになった。それも今では建築目的も記憶されず、石材の多くは掠奪され廃墟となっているのである。

ペルセポリスは石灰岩の切石で造られている。切り出す途中で放棄された石があるので、古代ペルシア語でカルヌワカ(karnuvaka-)すなわち「切人」と呼ばれた石工がどのようにして石を切ったかは大体わかる。当時では金よりも高価であったろう鉄の鑿《のみ》で孔を掘り、そこへ打ち込んだ木の楔《くさび》に水を含ませ、その膨張力を利用して岩を割った。特殊な術を使って石を望んだ形に割ることができたのだろう。何トンもの切石を運んだ方法については推測が可能だが、それを二〇メートルも上空にどのようにして積み上げたかは今もわからない。また、垂直の柱に何段も積み上げるには、その断面をきわめて精確に磨き上げる必要があったであろう。切石には何を形象しているのかも定かでない、いわゆる「石工の印」が刻まれている。楔形文字やエジプトのヒエログリフに似たものがあり、彼らがその秘技を悠久の古代から伝えてきたのではないかと空想が逞しくなる。

王に選ばれし土地

ペルセポリス遺跡(I-2-1)は、クーヘ・ラフマトすなわち「慈悲の山」と呼ばれる長さ約三〇キロメートルの丘の西側の北寄りの山裾を切り開いて造られている。この山は一三世紀ごろまで、クーヘ・メフルと呼ばれていた。近代ペルシア語ではメフルは概ね「友愛」という意味で用いられるから、アラビア語風に「ラフマト」と言い換えたのである。しかし、メフル(mehr)は古代語ではミスラ(miθra-)で、太陽神ミトラのことである。ダレイオス一世の碑文には登場しないが、ゾロアスター教でも重要な神格であるし、アケメネス朝後期のアルタクセルクセス二世の碑文ではアフラ・マズダーと地母神アナーヒターとともに勧請されている。

ペルセポリスの壁や基壇は、いくぶんデフォルメされたキク科の花および草本(ヤシだとする説もあるが、筆者にはヤシに見えない)の紋様で埋め尽くされている。この花は、おそらくパフラヴィー語(ササン朝のペルシア語)でハメー・ワハールすなわち「常春」と呼ばれるホンキンセンカ

(Calendula arvensis)ではないかと思う。ホンキンセンカは、ヒマワリのように太陽の動きに合わせて花を回す。ここにも太陽崇拝の痕跡が見られる。

基壇の南面にダレイオス時代にあった階段の遺構があり、そこにダレイオスがペルセポリスを築いた経緯を述べた碑文がある。その碑文で、王は以前には何もなかった土地だとわざわざ述べている。この地を特別の場所と選定したのである。とすれば、山の名前も冥王の玉座ペルセポリスに対応して太陽神の坐《いま》すクーヘ・メフルとなったのかも知れない。いずれにせよ、神なる山すなわち聖なる地と考えられていたに違いない。ペルセポリスと並んで、山麓にアルタクセルクセス三世らアケメネス朝末期の王の墓があることも納得できる。

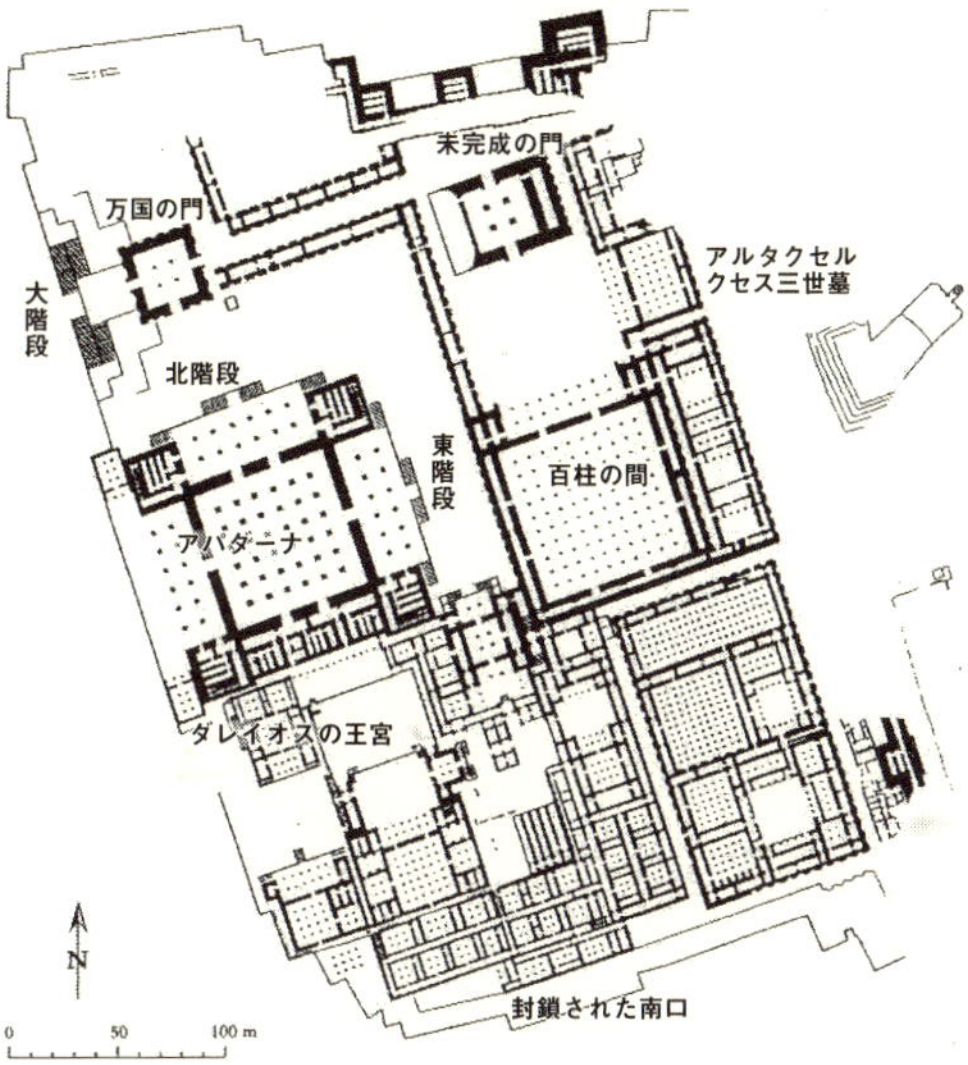

I-2-1 ペルセポリス遺跡の平面図

山の西裾に北、西、南の三辺の壁となるように石灰岩の切石を積み、その内側を土で埋めて基壇が造成されている。ダレイオス一世が始めたペルセポリスの工事は一〇〇年以上続いたが、水道施設の考古学調査から、後世に新たに建て増されたのではなく、ほとんど全てが当初の計画の通りに進められていったことが分かっている。おそらく多数の人間が居住することもなかったのに、日比谷公園に匹敵する広さの造成地を計画したのは、ペルシア人が半ば遊牧民であったからだと言われる。定着農耕民とは空間や距離の感覚が異なるのである。このことは彼らの文化を理解するうえで重要な点だと思う。

地表から高さ約一二メートルの基壇へは一カ所しか出入口がない。要塞の機能も備えていたのであろうか。ペルセポリスは閉ざされた空間だった。このことからもペルセポリスが行政府の施設でなかったことがわかる。

基壇西面の壁の北端に階段がついている。基壇への階段は全体として菱形で、中央から左右に別れて昇り、途中の踊り場で方向転換して左右から中央に合流するようになっているが、段差が小さく、幅が数メートルもあるのは、馬で昇れるようになっていたからだと言われる。

万国の門からアパダーナへ

基壇へ登りきったところには石柱四本の四角い門屋《プロピュライア》がある。それを建てたクセルクセス一世(在位前四八六〜四六五)は「万国の門(duvarθi- visadahyu-)」と碑文で呼んでいる。遺跡であるので精確なところはわからないが、おそらく西からまっすぐ東に、また建物内で九〇度折れて南に抜ける構造になっていたのだろう。緑や青や橙《だいだい》のタイルを貼った日干し煉瓦の厚壁が四方を取り巻いていたであろうが、出入口の石の枠がわずかに残っているだけである。それも南の出入口は床に跡しかない。東西のそれは左右の壁柱が残っているが、その柱の下方は一般にラマッスと呼ばれる神像と一体化している(I-2-2)。

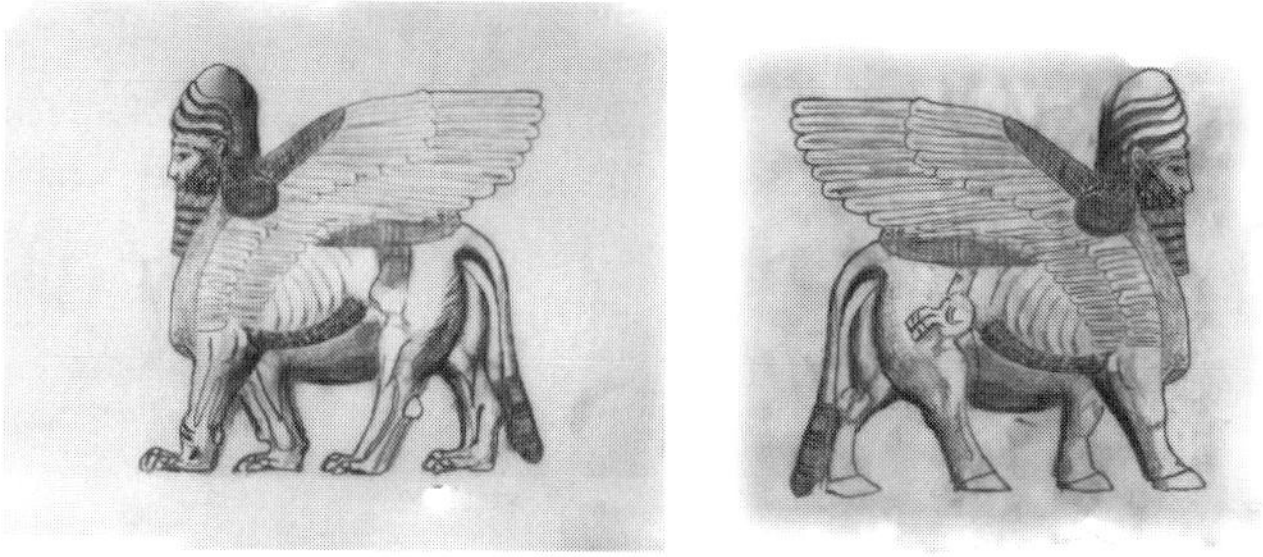

I-2-2 ラマッス

古代メソポタミアの宮殿の門口などに据えられている、頭は人間で牛あるいは獅子の身体に鷲の翼を備えた対像はラマッスと呼び習わされる。しかし、ラマッスはアッシリアの女神の名前なのに、像は顎髭を蓄え、どう見ても男の顔であるから、男神シェードゥとすべきかも知れない。名称が何であれ、さまざまな動物の身体的特徴を備えた姿、あるいは人間と獣の混交した形態というのは、分類の不能を意味し、混沌を象徴しているのだと思う。超自然的存在を意味していると言ってもよいかも知れない。いずれにせよ、門や玄関などは空間の境界であるから、「曖昧」が表象される。しばしば現れる対像も、「不即不離」すなわち同一でもなく不同でもないことを象徴しているのだろう。だから、多くの場合、その対像は非常に似通っているが、細部において異なる。また、きわめて写実的ながらも、一瞥して人造物とわかる。その間を通って異界すなわち非日常の空間へと進む仕組みは、民族、文化、宗教を越えて、広く見出される文化現象である。

さらに、「万国の門」のばあい、古代ペルシア人には先輩にあたるアッシリアの文化を継承したという意味もあったろう。先進の文明はしばしば未開の「蛮族」に滅ぼされるが、新しく権力を得た者がかつての主人にそれなりの敬意を払い、征服した文明を継承して世界帝国を築いた例は少なくない。アッシリアに成敗されてきたペルシアもついにアッシリアを滅ぼし、己が帝国の一部としたが、その文明を受け継いだ。ダレイオスはアッシリアの楔形文字を改良して独自の古代ペルシア語文字を作ったが、自らの偉業を、古代ペルシア語のほかに、先住民の言語であるエラム語とアッカド語(アッシリア語)の三カ国語で碑文に刻んだ。そのような父の顰《ひそ》みに倣って、クセルクセスは門の守護をアッシリアの神像に託したのであろう。

地表から基壇に上がった来訪者は、万国の門の中で南に方向を変えて三〇メートルほど進むと、約六〇メートル四方のアパダーナと呼ばれる遺跡に到る。ペルセポリスでダレイオス一世在位中に完成していたのは、このアパダーナと呼ばれる建物のみである。言い換えれば、アパダーナがペルセポリスの核であり、それにこそペルセポリスの意味があるのだと思う。

3　訪ね来る霊魂

ペルシアの城邑へ（二）

核心部アパダーナへ

アパダーナはペルセポリスで最も古く、最も大きな建築物であるが、本当の名前は不明である。アパダーナという語は、ダレイオス一世より一〇〇年以上も後の王がペルシア帝国の都であったスーサやエクバタナに造った建物の柱礎の碑文に見え、その建物と類似しているとの推測によって、逆にペルセポリスの建物が「アパダーナ」と通称されているに過ぎない。ほかに宮殿を意味するとされる語タチャラとハディシュが古代ペルシア語碑文にあるが、いずれも語義がはっきりせず、相違も明白ではない。古代ペルシアの王はしばしば建物に自分が築いたとの碑文を刻んでいるのだが、このアパダーナには、まったくそのような碑文がない。おそらくこの建物が造られたときには、ほかには建物がなく、アパダーナと特別に断る必要がなかったのだろう。言い換えれば、ペルセポリスの基壇には、最初、このアパダーナのみが建てられていたのである。

アパダーナの中央に、高さ二二メートルの石柱三六本で屋根が支えられた六〇メートル四方の広間がある。そこには一〇〇〇人を収容できたと言われる。広間の東西北の三方にはそれぞれ一二本の柱で支えられた柱廊《ポーティコ》が付いている。東側の柱廊の柱頭は双頭のライオン、西側は双頭のウシで装飾されていた。南側には柱廊がなく、この建物が北向きで、左右対称であったことがわかる。

アパダーナの遺跡は基壇からさらに約三メートル高く、そこへ上るためには北面か東面に設えられた階段を利用することになる。北面の階段は崩壊が進んでいるが、東面の階段は一九三二年の発掘まで地中にあったのでほぼ原形を留めている。発掘時には顔料の痕跡もあったが、詳細に記録される前に色彩は失われてしまった。階段は左右から昇る構造で、中央よりに二本、外寄りに二本の合計四本かかっている。すなわち、壁面は階段と床によって前後に二重の台形を形成し、レリーフが施されている。外寄りの階段の壁面のレリーフは武器を携えた兵士の隊列、参内する貴族および供物を献上する諸民族の列である。諸民族は、その服装、献上物からどこの者かおおよそ判定できる。実際にペルシア帝国のさまざまな民族が特産品を携えて階段を昇っていったのかも知れない。

ライオンとウシ

階段の傾斜と地面の水平とが形成する三角形の空間にはライオンがウシを襲う巨大なレリーフが刻まれている(I-3-1)。ペルセポリスを訪れた者はだれでも強い印象を受けるに違いない。ライオンがウシの後ろから下半身に爪を立てて嚙みついている。ウシはもだえて後ろ足で立ち、顔を後ろに向けている。ウシの表情には苦痛がなく、従容《しょうよう》として宿命を受け入れているようで、かえって哀れである。そのような空間は北面と東面に四カ所ずつあるが、まったく同じレリーフが刻まれている。文字通り階段の部分を支える壁に彫られているから、この階段を昇る意味を示唆しているのだろう。

このレリーフは、春の獅子座が昇り、冬の牡牛座が沈むことを表しており、春分すなわち新年《ノウ・ルーズ》を象徴していると言われる。ただ、ライオンがウシを襲う意匠は、古代ローマやギリシアのモザイクや後世の彫刻などにも見られるが、それらが春の到来を意味しているとは思えない。

I-3-1 レリーフ ライオンとウシ

ライオンは王権の象徴とされる。イランで公式に太陽と獅子が国章となったのは一九世紀になってからだが、古くからライオンはペルシア人の祖先霊ないし守護霊の象徴であったらしく、古代の遺跡にライオンの彫像や画像が少なくない。事実、ペルセポリスの日干し煉瓦の壁を覆うタイルにはライオンの列が描かれていた。柱頭の桁受けにも獅子の意匠がある。メディア王国の都があったとされるハマダーンに、「獅子石《サンゲ・シール》」と呼ばれる風化した獣像があり、近年まで子宝を願う女が像を潜ったり抱きついたりする風俗があった。おそらくライオンの像であったが、アケメネス朝のものともパルティア時代のものとも、アレクサンドロスが造ったとも伝えられる。ライオンを意味する語は古代ペルシアの文献には登場しないが、近代ペルシア語でライオンを指すシール(šīr)は古代語の「王」や「王権」と語根を共通すると言われる。

あるいは、語呂合わせだったかも知れない。「シール」が「王者」を意味する例はササン朝の王名アルダシールに見られる。この王名は古代ペルシアの王名アルダフシャシャ(＝アルタクセルクセス)の東方言形に由来する。また、漢語の「獅子」は、おそらく西方言形の *šiš の音写であろう。

いっぽう、ペルセポリスの柱頭の意匠にも使われているウシは、さらに古い「神性」の象徴であったらしい。『アヴェスター』や『原初の創造』によれば、最初に世界に現れ、諸々の生命の元となる「死すべき命《ガヨーマルタン》」は「独り造られた牛《ガウ・アエーウォーダータ》」とともに大河の岸辺に出現した。男神と女が川辺で出会うという神話のモチーフの一部であろう。男神はしばしばウシを伴っているのである。男神は死すべき運命にあり、その屍体から世界が再生するのであるが、より古い伝承では、ウシ自体が男神であった。たとえば、ミノア文明のように女が聖牛に仕える文化があった。古代エジプトでも聖牛の世話は女の役目であった。「神」が人間の姿とされるようになってからは、ウシは神の「添え物」となったのである。だからインド・イランに限らず、ウシを屠る文化が古代社会に広がっていた。それはさまざまに形を変えて伝承されてきた。

人類が知る最古の物語『ギルガメシュの叙事詩』では、半神半人の英雄ギルガメシュが、女神イシュタルから天罰としてもたらされた「天の大牛《グガランナ》」を殺害したために、永遠の生命を探して異界を放浪する、すなわち、死ぬことになった。『旧約聖書』「出エジプト記」(三二)では、モーセが留守のあいだに民衆が黄金を持ち寄って牡牛の偶像を造り崇拝し始めた。それを知ったモーセは、神から授かった十戒の石板を叩きつけ、黄金の牛像を焼いて水にばらまき人々に飲ませた。人が神と交流できる時に牛像を造ったのであり、結局、人はその牛像を飲んでしまったのである。

古代エジプトでは、舌の裏にスカラベの紋様など特別の徴《しるし》のあるウシを聖牛《アピス》として聖別したが、古代中国でも特別の色目の牛を生贄にし、それを群れから選別することを「物色」と言ったらしい。この犠牲は時代とともに粘土製に、さらに張り子に替わっていった。一八世紀になっても、迎春にあたって張り子の牛を作り、それを太歳廟で打ち壊す風習があったことを、中川忠英《ただてる》が『清俗紀聞』(巻一、一七九九年刊)に書きとめている。日本の中古でも年越しに土牛を造ったことが一条兼良『公事《くじ》根源』(一四二二年頃)などに見える。そのほかに類例をあげると枚挙に暇がなくなるが、イランでは、特別の機会に門口で牛を屠る習慣は近代まで続いていたようである。カジャール朝第二代国王ファトフ・アリー・シャー(在位一七九七〜一八三四)がテヘランへ入城するとき、門前で牛が屠られる様子をJ・モーリアが『第二回ペルシア旅行』に描写し、銅版画にしている(I-3-2)。筆者は沖縄の離島の神社《ウタキ》で、刀を研いでいる村人から殺気を浴びせられたことがある。翌日にウシを屠る場に余所者が足を踏み入れたのであった。

I-3-2『第二回ペルシア旅行』銅版画

ライオンがウシを襲う意匠は、古い神に新しい神が取って代わることを示しているのだと思う。権力者や体制の交替と言ってもよいかも知れない。そのことを象徴するライオンとウシの闘争の物語があり、それが天文と関係づけられて、星座の名前がつけられたのであろうが、それがどれほど昔のことであったかは、想像することもできない。

神か霊魂か

アパダーナの基壇壁の中央の四角形には、八人の衛士が描かれている。彼らの上方には一般にスフィンクスと呼ばれる神像一対が対面して蹲踞《そんきょ》しており、その間に、いわゆる有翼円盤像が描かれている(I-3-3)。

スフィンクスと呼ばれる神像は、万国の門のラマッスと同じ意味を表象している。ラマッスは身体がウシで、脚には蹄《ひづめ》があるが、スフィンクスは身体がライオンである。ところが、現在大英博物館とメトロポリタン美術館が所蔵するニムルド出土のラマッスの対象は、片方は身体がウシで脚には蹄があるが、他方は身体がライオンで脚には爪がある。これは、もともと同じ部屋の別の出入口にあった対象を、両館で組み合わせを変えて展示しているからだが、先にも述べたように、境界にある対象は、分類ができない存在として混沌を表象し、お互いには似て非なる者であるから、全体としては相似しているが細部が異なっても差し支えないのである。だからスフィンクスとラマッスの形態的な相違はあまり重要ではない。エジプトのスフィンクスとメソポタミアのラマッスも美術の様式上の地域差にすぎず、文化上は同じ意味を象徴していると思う。

有翼円盤は、精確には有翼円環と呼ぶべきである。類似の意匠が古代エジプトやメソポタミアにもあるので、その中心部分にあるものが同じ物だと見なされている。古代エジプトのものが円盤であるから「有翼円盤」と呼び習わされているに過ぎない。古代エジプトやメソポタミアのことはさておき、ペルシアのものは円盤ではなく円環であることは明白である。ダレイオス一世の長文の碑文が刻まれた岩山ビーソトゥーンの大王の謁見図などにも大王像の上方に登場するが、そこでは有翼円環の中から立ち上がった人物が描かれ、その人物は、右手で円環を差し出している。

I-3-3 有翼円盤像（アパダーナ基壇壁）

この像は古代ペルシアの神アフラ・マズダーだと西洋の研究者の多くは見なしている。古代ペルシアの王たちは、アフラ・マズダーの意向《ワシュナ》で王となり、帝国を支配し、敵を成敗したと何度も碑文に刻んでいる。そして、己が眷属や所業を守るためにアフラ・マズダーを勧請している。それが主たる根拠である。

いっぽう現地のゾロアスター教徒たちは、これを王のフラワシだと伝承してきた。このアヴェスター語「フラワシ(fravaši-)」とは、パフラヴィー語ではフラワフル(frawahr)で、不滅の霊魂ルワン(urvan-　パフラヴィー語では ruwān　現代語では ravān)の一種あるいは一様態である。

古代の人々にとって、いや、現代の人々にとっても、生命は不思議な現象である。ある日、この世界に生まれ、ある日、この世界から消える。そのような生命を何らかの実体として捉え、いずこから来訪し、いずこかに退去すると考えられたらしい。しかも、それは鳥のように飛来し、鳥のように飛び去る。死と生についての数多《あまた》の伝承がそれを示唆している。古代ペルシアのばあい、死すべき人間の肉体タヌー(tanū-　パフラヴィー語および現代語では tan)に宿る不滅の霊魂は、誕生とともに彼岸から来訪し、肉体の死とともに鳥の形となって飛び去ると考えられていたようである。その霊魂は、個別の単体であると同時に、祖先も含めた集団の総体の一部とも理解されていたらしい。言い換えれば、此岸における個人は霊魂を通じて母なる全体とも繋がっていた。だから、それは個人の分身であるとともに、祖先霊であり、守護霊であり、死霊でもあった。そして、この世の眷属の様子を窺いに彼岸から霊魂が訪れることがあった。

古代語の語学力の喪失とともに教義の根本が失われる危機感に駆られた一七世紀に、ゾロアスター教徒が近代ペルシア語で信仰の要点を纏めた『百の章《サド・ダル》』(一三)に、霊魂の来訪がこう語られている。

> 聖教によれば、父や母や子、あるいは親族の命日になると、かならず死者の霊魂《ラヴァーン》がやってきて家の上方にとどまり、彼らのために祝禱《しゅくとう》「アーフリーナガーン」が唱えられるかどうか耳を澄ましている。果酒「マヅ」が供えられ、アーフリーナガーンが唱えられると、彼らは平安と歓喜と爽快な気分に満たされる。そうでないときは、夕方の祈りまで耳を傾ける。夕方の祈りのときになってもそうでないときは、夜中まで望みをつなぐ。そして、マヅもアーフリーナガーンもないときは、彼らは失望して言う。「おお、創造主アフラ・マズダーよ。ああ、勝れたる方よ。連中は知らないのだ。天国の我らを讃えれば、私たちが彼岸から連中のためにやって来るのを。神餅「ドローン」やマヅを供え、アーフリーナガーンを唱えることが必要なことがわからないのだ。それは自分たちのためではなく、私たちのためにすべきなのだ。マヅも供えず、アーフリーナガーンも唱えないのだから、彼らに降りかかる災難も防ぐことは出来ない」こう

独り言《ご》ちて、再び自らの地に去るのである。

授けられる円環

このような霊魂のなかで、より優れて力強く、特に精力をもたらすものと考えられたのがフラワシだろう。アパダーナの彫刻は、円環に翼がついたような形だが、ダレイオス一世の長文の碑文があるビーソトゥーンの彫刻では有翼円環に人物が乗っている。その人物は、右手で円環を差し出している。

この円環は、現代ペルシア語でファッル(farr)またはホッレ(xorre)と呼ばれ、しばしば「光輪」と翻訳される。パフラヴィー語ではフワッラー(xwarrah)、アヴェスター語ではフワルナ(x^{v}arənah-)という形で現れ、ゾロアスターや王が天から授かる特別の力ないし資質を意味し、ふつうは「栄光」とか「福」と翻訳されるが、精確な原義は明らかではない。語義を語源に求めて、複雑な音韻の変化の操作を経た説がいくつも提唱されているが、結論が出たわけではない。思うに、言葉は形態だけではなく、意味も変化するから、古い言葉の古い意味を知るには、当時の人々の感覚に副《そ》わなければならないだろうに、その点が果たして十分だろうか。『アヴェスター』に登場するフワルナは「食物」と訳されるばあいもある。これはフワル(x^{v}ar-)すなわち「摂る」の派生語である。食べ物と栄光では意味が違いすぎるので、ふつう両者は同音異義語とされるが、同じ語の派生義でなかったかと思う。古代の人々でも、活力の源泉が食物にあることはわかっていたに違いない。自己に与えられた(と信じられる)卓越した力を「言葉」という象徴システムにおいて「食べ

I-3-4 レリーフ　アッシュルナツィルパル二世と聖樹

物」と呼んだとしても、それほど不自然な推測ではないだろう。「魚を食べる日」の章で述べるように、たとえば、貴重な蛋白源であった魚が神聖視されることもあった。

その力は図象上は円環あるいは飾綬《リボン》のついた円環に表象された。あるいは、そのような力を授かった徴《しるし》として飾綬のついた円環が使われたのかも知れない。そのような円環はペルシアに限ったものではない。イラクのニムルドから出土し、現在、大英博物館で展示されているレリーフ「アッシュルナツィルパル二世と聖樹」(紀元前九世紀)の中央の聖樹の上方には、有翼円環に乗ったアッシュル神が右に向いて表敬する王に手を差し伸べようとしているが、その左手には円環を持っている(I-3-4)。

アケメネス朝の浮き彫りでは、いわゆるフラワシが円環を右手で差し出しているだけだが、時代の下がったササン朝の帝王叙任式と呼ばれるレリーフでは、王が神から円環を手渡されている。それによって特別な存在すなわち王として聖別されるのである。言い換えれば、この円環は選ばれたる者が授かる徴である。ササン朝の王が授かるファッルには房のようなものが二本下がっている。王はそれを頭に被ったらしく、ササン朝の貨幣や、岩壁のレリーフの肖像は被り物によって王が判別できるが、いずれもファッルの房を靡《なび》かせている。

花輪の記憶

アパダーナのファッルを見ていると、わが国の茅《ち》の輪が思い出される。現代では、「茅の輪くぐり」と称して、六月および一二月(精確には晦日)に、茅《ちがや》で大きな輪を作り、これを潜り抜ける風習が各地の神社で行われるが、これは茅の輪がもつ呪力の伝承に再生儀礼が組み合わさったものであろう。その材質はさまざまだが、穴を潜り抜けたり、隙間を通り抜けたりすることは、「出生」を象徴しているのである。

『備後国風土記』逸文に茅の輪の呪力を伝える説話がある。北海に住む武塔《むとう》神が南海に妻問いに行く途中で、蘇民将来《そみんしょうらい》、巨旦《こたん》将来の兄弟のもとに一宿を請うことがあった。裕福な巨旦将来は断り、貧しい蘇民将来は宿を貸し饗応した。その後、八子を連れた帰路にふたたび神が訪れて、蘇民将来の娘には茅の輪を与え、徴に腰につけるように命じた。その夜、神は茅の輪をつけていた蘇民将来の娘を除いてすべての人間を殺し、今後、蘇民将来の子孫として茅の輪を腰に帯びれば、疫病を免れると告げた。

蘇民将来の子孫と名告る修祓はかなり広く伝承され、玄関にかかげる注連縄《しめなわ》に「蘇民将来子孫家」と書いた札をつける地方がある。この玄関の札は、腰に帯びる茅の輪の代用と考えられる。いっぽう、茅ではなく藁で輪を作って門口や壁柱に吊す風習もある。江戸末期の習俗に詳しい喜田川守貞《もりさだ》『近世風俗志(守貞謾稿《まんこう》)』(巻二六)は「輪の注連」とか「輪飾り」と呼ばれる注連飾りを紹介している。いずれも縄の輪から数本の藁を垂らした形である。この習俗は、西洋の花輪《リース》を連想させる。

今日の西ヨーロッパでは、クリスマスに門戸に花輪を掲げることが多い。この習慣はアドベントすなわち誕生節前の四週間の物忌みの期間における習俗に由来すると説明されるが、ヨーロッパのキリスト教化よりも遥かに古い習慣であろう。古代ギリシアには、子供の誕生に際して門口に息子なら花輪を、娘なら毛糸紐を掲げる習慣があった。性別の表示は後から発達したもので、もともとは飾綬のついた花輪を玄関に掲げる風習であったと言われる。神を人間とは別個の存在とはしない文化では、成仏という概念や祖先霊の信仰などが観察されるが、そこでは神の子の来訪も人間の子供の誕生も同じことである。

このような花輪は、葬儀や死者への供物にも見られる。記録上は、西洋古典時代の柩の装飾に見られ、おそらくネアンデルタール人の文化にまで遡りうるものである。ネアンデルタール人の遺骨が、大量の花粉とともに発掘されたことがあり、供花が推測されるのである。国家の首長が無名戦士の墓などに花輪を捧げる今日の外交儀礼を見れば、それが現在まで連綿として継承されてきたものであることも、廃れにくい習慣であることも理解できる。そして、死と生は一つの状態ないし期間から別のそれへの移行という意味で文化上は同じことであるから、類似した民俗現象が観察されるのである。祝い事にも不祝儀にも花輪が出現するのはそのためである。

武塔神が茅の輪を腰に帯びよと勧めたように、花輪は身にもつけられる。古代西洋では、オリーブや月桂樹や西洋楢《オーク》の枝葉で作った輪を、地位や身分や職種に応じて被った。アポロンが自分から逃れるためにオリーブに変身したダプネを偲んで月桂冠を被るようになったというギリシア神話に由来するとされるが、どうであろうか。古代ギリシアでは巫女《みこ》は犠牲を捧げるとき、自ら頭にステンマという花輪を被り、犠牲獣にも被せた。この頭に被る花輪が、権威の象徴として頭に巻かれる布帯ディアデーマ(diadēma)の起源ではないかと思う。ディアデーマとはペルシアの王が頭に巻く帯で、ヘロドトス『歴史』(一―一三二、三―一二)やクセノポン『キュロスの教育』(八―三)によると、王はフェルト帽を被った上にディアデーマを巻いていたようである。この伝統に従って、ササン朝の王たちもファッルを被っていたのであろう。ディアデーマは古代エジプトの王やローマの王たちも用い、後に材質が金属となって王冠に発展していったと推測される。

『日本書紀』に持統天皇が「以㆓花縵㆒進㆓于殯宮㆒(花縵を殯宮《もがりのみや》に進《たてまつ》る)」とある「花縵」は、仏具の華鬘《けまん》ではなく、蔓《つる》で編んだ鬘《かずら》であろう。天照大神《あまてらすおおみかみ》が隠れた天岩戸《あまのいわと》の前で踊った天宇受売《あまのうずめ》がつけていたのは、ツルマサキ(真拆ないし真坂樹)の「縵」(原典では、又が方になった異体字)であり、伊弉諾《いざなぎ》が黄泉《よみ》から逃げ帰るときに投げた「縵」はエビカズラ(蒲子ないし蒲陶。おそらくブドウ)となったと言われ、「かずら」は葛の意でもあるから、頭に被る蔓輪だったと思われる。これらの伝承が文字化されたときには、すでに蔓製ではなく布製となっていたので、糸偏の「縵(無文の帛)」と表記されたのだろう。伊勢崎市横塚出土の埴輪女子立像(I-3-5、国立博物館蔵)の鉢巻に似たものだったかも知れない。因みに、仏具の華鬘は、梵語クスマ・マーラーすなわち「花輪」の漢訳で、もともとは男女が身にまとう花輪のことであった。それ自体「花輪」を意味するマーラーは、おそらく太古に外国語から借りたもので、語源がわからない。しかも、この語は「数珠」も意味する。周知の通り、ロザリオ(カトリック)、マーラー(ヒンドゥー教など)、ミスバハ(イスラム教)、コンボロイ(ギリシア正教)などと呼称は異なるが、多くの宗教が数珠に類するものを用いる。この辺り

I-3-5 埴輪　正装の女子

にも、花輪が人類の基底文化に通じるという示唆がある。

わが国では、鉢巻は武者が烏帽子《えぼし》を留めるのに用いたと信じられているらしく、もっぱら戦に向かうような勇ましい折に締める闘争心の象徴と思われている。しかし病を煩って締める場合もあれば、沖縄久高島の巫女の通過儀礼イザイホーにおいて神女になるべき女たちも鉢巻を締めた。非日常のとき、神の前で試練を受けるような場合に、聖別の象徴として行われるように思われる。もともと戦の目的は敵の殺害ではなく、神判を仰ぐことであったのである。

花輪は月桂樹などの小枝や草花で作られ、また、五月祭《メイ・デイ》で神の花嫁に被せたり、復活祭に門口に飾ったりされるので、生成を象徴しているかのように思われるが、収穫の折には麦藁などで作られるし、葬祭や追悼の儀礼にも用いられるから、繁栄を表象しているとも言えない。また、材料が自然の植物から、布、金属へと替わるにつれて、植物を示す要素がなくなるから、植物霊を体現したものとも言えないだろう。

円は端がないので、永遠を象徴すると言われるが、太古の人々がそのような幾何学的な特徴を意識したり、抽象的な記号を工夫したとは思えない。現代人の思考や知見で古代から伝承された文化を解こうとすれば陥穽《かんせい》に嵌《は》まることが多い。

花輪と呼ばれようが、ファッルと名づけられようが、また、材料が木の小枝であろうが、蔓であろうが、布や金属であろうが、飾綬がついていることを思えば、ちょうどわが国の注連縄のように周囲を取り巻いて結ぶもので、それによって、中にあるものを、それが空間であろうとも物であろうとも人であろうとも、ほかと聖別することを象徴したのではなかろうか。「聖別」とはキリスト教会で「聖なるものとしてほかのものとは別に扱われる」ことを意味する言葉だが、ここでは、精神的あるいは文化的に特別なものとして、それ以外のものと区別される意味に使っている。世俗的にはしばしば「聖なる(sacer)」とか「穢《けが》れたる(profanus)」という言葉が使われる。言うまでもなく、聖性と穢《わい》性はどちらも俗(saeculum)でないという意味で大差ない。注連縄の「標《しめ》」は、「占め」「締め」「閉め」と同根なのだろう。普通ではない、あるいは特別に選択されたことを示す。フラワシの語根をワル(var-)「選ぶ」とし、原義を「選び出された(もの)」とする説があるが、正鵠を射ているのではないかと思う。

4　聖別される世界

ペルシアの城邑へ（三）

塀で囲まれた楽園

古代ペルシア語のアパダーナという読み方は、碑文のエラム語版とアッカド語版の表記を参看すれば、間違いない。その語義については諸説あるが、接頭辞 apa-「離れた」と動詞 dā-「造る」の複合語で「離して造られたもの」が原義だと思う。普通一般の世界から隔離された領域を意味したのではあるまいか。ペルセポリスが一ヵ所の出入口を除いて周囲が土壁で囲まれていたことは前述したが、古代ペルシアには、壁で周囲を取り囲んで、特別な空間を形成する文化があった。

「楽園」と翻訳されるパラダイスは古典ギリシア語「パラデイソス (parádeisos)」に由来するが、もともとは古代ペルシア語「パリダイダ(*p^{a}r^{i}-d^{a}y^{a}d^{a}-)」の借用である。その原義は「塀で囲まれた(ところ)」で、他から隔離された別天地を指した。

植生が希薄な乾燥地帯では、水源があり動植物が豊富な土地は貴重である。そのような地があれば、外界からの侵入を防ぎ、それを保護するために周囲に壁を築くことになる。今日でもこの習慣が残っており、荒野にある農園や果樹園や庭園は土壁で囲われている。パリダイダの現代語形は

「パーリーズ(pālīz)」(rd と l の相違はイラン語の方言差)で、菜園という意味である。古代ペルシアの囲苑は特に著名であったらしく、「パリダイダ」という語が周辺の言語にも借用された。アッカド語ではパルデース(pardēsu)で「(王室)庭園」を指し、ヘブライ語ではパルデース(pardēs)となって『旧約聖書』では「森」と訳される。不毛の地では、森はさらに貴重である。北レバノンの世界遺産「主の杉の森(Ḥurš Arz al-Rab)」のように、森は壁で囲われて今日まで生き延びてきた。

パリダイダは特にペルシア王の猟苑を意味した。王弟の反乱にギリシア人傭兵として参加したクセノポンは、チグリス河岸で土塀に囲まれた広大な空間を目撃した。その中には川が流れ、樹木が茂り、数多の野獣が棲息していた。それは王専用の狩場だったが、クセノポンは著書『アナバシス』で「パラデイソス」と呼んだ。

しかし、パリダイダは狩猟場には限らなかった。王室侍医クテシアスは、王弟キュロスの反乱のおり王に随行したので、奇遇にもクセノポンと敵対したことになるが、ディオドロスの引用が精確だとしたら、いわゆる「空中庭園」を「パラデイソス」と呼んでいる。すでに「パラデイソス」が、壁で囲まれたという構造よりも、一般とは異なったという機能に注目されるようになっていたと思われる。

アルタクセルクセス二世の碑文で、王は自分が造った王宮《ハディシュ》を「ジワディー・パラダイダーム($j^iv^ad^iy^a$ $p^ar^ad^ay^ad^aam^a$)」(おそらく対格の形)と呼んでいる。古代ペルシア語が崩れつつある時代の碑文で、語形や表記に破格があるが、「活のパラダイス」が原義であろう。「生の別世界」を指したのだと思う。古代中国の酒池肉林のようなものであったかも知れない。

物忌みと沈黙の塔

これにたいして、いわば「死の別世界」に当たるものがあった。それはパフラヴィー語でアルメーシュト・ガー(armēšt-gāh)すなわち「不活の場」と呼ばれる物忌み所である。物忌みとは穢れた者が修祓のために禁欲し籠もることである。古代のゾロアスター教では、死や血は汚れと見なされ、死に損なった者や屍体に触れた者、それに出血した者すなわち月経中や出産直後の女は穢れていると見なされた。そのような者は一定の期間(後世の習俗から推して、おそらく四〇日間)物忌みをしなければならなかった。場合によっては一般社会と隔離されて粗衣粗食の中に果てた。そのような物忌みの場あるいは隔離所を『アヴェスター』の「除魔書《ウィーデーウダード》」は「パリダエーザ(pairi.daēza-)」と名づけている。方言が異なるので音形式に若干の相違があるが、パリダエーザはパリダイダと同じ語である。

ゾロアスター教では、屍体には汚穢《おわい》の悪魔ナス(Nasu-)が取り憑いているとされ、できるだけ早く、浄化されなければならない。そのために犬や鳥に屍体の肉を食べさせ、白骨にし、雨水と日光に一年間曝さなければならないとされる。その場所はアヴェスター語で「ダフマ(daxma-)」と呼ばれた。それがどんな場所であったかはわからないが、不浄の場とされるかぎり、そこは隔離された場所であったと思われる。九世紀以降すなわちイランのイスラム化以降、ゾロアスター教徒は山の頂に屍体をハゲワシに食べさせる場所を設けて「ダフメ(daxmeh　パフラヴィー語 daxmag)」と呼んだ。一九世紀に英国人通訳官が「沈黙の塔(Tower of Silence)」と名づけたことから、諸外国ではそれが通名となった。『アヴェスター』の記述では、遺体は鳥と犬に供されたはずなので、沈黙の塔による屍体の処理は古代のものではない。犬を塔内に連れこんだということも考えられるが、『アヴェスター』の記述の印象では、もっと自然に鳥獣に託したように思われるから、遺体処理の施設があったにせよ、それは現存のものとは異なっていただろう。しかし、九世紀以降の沈黙の塔でも、古代のダフマの有り様を幾分かは伝えているのではないかと思う。

テヘランから約七〇〇キロメートル東南、ザグロス山脈の北裾、カビール沙漠の南淵にヤズドがある。古代の言語では「祀られるもの(=神)」という意味になるゾロアスター教徒の町である。その郊外の荒野に沈黙の塔がある。禿げ山の頂に石や煉瓦で円形の塔が築かれている。内部は少なくとも二階建てになっていて、数メートルの壁で囲まれた上階の床は中央の穴に向かって傾斜している。この上階で遺体がハゲワシに供される。遺体は完全に消滅させるべきだとゾロアスター教徒は考えていたから、残存物は中央の穴から下階に送られ、そこで強酸で処理されたと言われる。

大きく新しい沈黙の塔には、入ることができなかった。ゾロアスター教徒の伝統的な処理が法律で禁止されて間もない頃だったから、何かと差し障りがあったのであろう。それで、昔に放棄された隣の塔へ入った。内部は破砕された石板に覆われていた。上階の床を覆っていたものだろう。遺体を処理したと思わせるものは何もなかったが、周囲の壁に遮られ上空の青空しか見えず、自分が世界から隔離されたような気分になった。沈黙の塔に入る意味がわかった。

王の儀礼を幻視する

このように、古代ペルシアの囲苑には、水が流れ、草木が茂り、動物が棲んでいたが、同時に、享楽と汚穢、生と死がある場所であった。その心象はエデンの園に似ていたから、楽園を意味するようになったのだと思う。言うまでもなく、アダムとイヴは園内で堕落したのであり、園内には生の木と死(=智恵)の木があった。

ペルセポリスのアパダーナは、アルタクセルクセス二世が王宮を「活のパラダイス」と呼んだように、沈黙の塔とは異なった種類の隔離所ではなかったのかとの思いが頭に浮かんだ。沈黙の塔が人間を異界へ送る場所なのにたいして、アパダーナは異界から来る者を迎える場所ではなかったか。そう考えると、アパダーナの構造に納得できる。

アパダーナは、さきに述べたように北向きで左右対称の建物である。だから、そこへ上がる階段が、正面の北側だけ、あるいは左右の東西に、あるいは東西北の三面についておれば理解しやすい。ところが、不思議なことに、階段は北側と東側についているのである。

基壇へ上がったところにある「万国の門」も奇妙な構造である。門に入る出入口が、基壇の大階段側の西とその反対側の東、そして南にある。仮に、ペルセポリスに上り来たのなら、西の入口から入って、東と南の両方に出ることが可能なのである。南に出れば、アパダーナの北側に向かうことになる。東に出れば、当然、アパダーナの東側を迂回することになる。要するに、北から南へアパダーナに到るコースと、東側を迂回してアパダーナの東面に到るコースがあったように見える(東迂回コースの途中には、後にアルタクセルクセス一世(在位前四六五〜四二四)によって建てられ、柱が一〇〇本あったので「百柱の間」と俗称される館《ハディシュ》があった）。これらの二つの通路を常用したのか。あるいは、使い分けがあったのか。

アパダーナに向かう王は、万国の門を西から東に抜けて、東側の階段を使ってアパダーナに入ることになっていたのではないだろうか。アパダーナの柱廊の柱頭がそれを示唆する。先に述べたように、他の柱頭は双頭のウシが飾るのに、東側の柱廊の柱頭のみが双頭のライオンなのである。アパダーナの階段壁のライオンがウシを襲うレリーフと同じ象徴なのだ。そう思ってアパダーナの遺跡を見ていると、二千数百年前にダレイオスが王権の更新あるいは確認の儀礼を行う様が幻影となった。

それは、おそらくペルシアの新年ノウ・ルーズである春分の前夜であった。古代の一日は現代暦の前日の日没から始まるのである。ペルシア人のほかメディア人やエラム人の百官を率いた王は、東側の階段を上がった。それは新しい王が現れる方位であったからでもある。東は古いペルシア語で「日の出（の方角）」と呼ばれ、太陽はフワル（*hvar-）で、王権の象徴であるフワルナと類似した音であった。アパダーナのなかで王は南壁を背に北面してフラワシを迎えた。造り物か、あるいは人が演じるフラワシが、万国の門の南出口から直進して、アパダーナの北面の階段を経て王の前に進み、フワルナを王に授けた。それを王が頭に被ると、「クシャーシャー、クシャーシャーナーム（*xšāyaθiyā xšāyaθiyānām）。アナウシャー、ラワナー（*anaušā *ravanā）」すなわち「諸王の王。不滅の魂」と一斉に歓呼の声があがった。そして、諸民族が運ぶ供物の行列が続いた。アパダーナの階段下ではウシが犠牲にされていただろう。そして間もなく「彼岸の日」が明けた。

祖霊のいます山

ペルセポリスの遺跡は、実は西に約二三度傾いている。今まで「北」と述べてきたのは精確には北北西である。ザグロス山脈の山並みに沿ったと言えばそれまでだが、この方角には意味があると思われる。北西はペルシア人たちの故郷の方位なのである。前に述べたように、紀元前九世紀にウルミア湖の南岸でペルシア人が初めて歴史に登場した。それから二百年以上をかけて、彼らはザグロス山脈に沿って南東に進み、パールサの地に落ち着いた。だから、もし、死者の魂が祖国に帰るのなら北西に向かうだろうし、もし、祖先の霊が来訪するなら北西から来るに違いないのである。

この北西の方角、メディアの都エクバタナのあったハマダーンの南にアルヴァンド(Alvand)という山がある。この山は、アルボルズ山脈の主峰ダマーヴァンド(Damāvand)とともにペルシアの二聖山である。アルヴァンドの「アル」はアルボルズの「アル」と同じく「見守る(もの)」が原義だろう。ダマーヴァンドは、ペルシアの神話では三つ頭の邪蛇アジ・ダハーカが幽閉されたから「負の聖山」である。一方、アルヴァンドは、麓に神の天地創造を讃えるダレイオスらの碑文があるから「正の聖山」であろう。

今から数十年前まで、ザグロス山中の村々には、イスラム化以前に由来する迎春の祭りが伝承されていた。ユーラシアの各地に残っているように、冬の終わりには春の到来を祝う祭礼があり、仮装の集団が村を訪れた。その集団の主人公は「クーセ(kūse)」と呼ばれた。一行はつぎのような俗謡を歌いながら、家々を回った。

クーセがアルヴァンドからやって来た　めでたい吉がやって来た
今年の正月もやって来た　キジバトも飛んで来た
夜鶯《ボルボル》もさえずりやって来た
姐さん　ずっとここにいてください
ウシや仔ウシと一緒にいてください　牛糞を納屋に貯めこんで
団子に丸めて壁に貼りつけて　さあ　薔薇の蕾のお姐さん
　大事な小箱に手を入れて　何かクーセにお恵みを
　クーセが嫌がらせをせぬように

アルヴァンドの方角からマレビトが来ると信じられていたのである。

そして、亡くなった祖《おや》たちを葬るのなら、その方角にすべきである。事実、ダレイオス一世らを葬ったとされるナクシェ・ロスタムは、ペルセポリスの西北六キロメートルのところにある。ペルセポリスとナクシェ・ロスタムを結ぶ直線の中間辺りにナクシェ・ラジャブと呼ばれる岸壁レリーフ群があるのも偶然ではないのだ。それから同方向に約七〇〇キロメートルの延長線上に、ダレイオス一世が自分が帝国の支配者となった経緯と正統性を説く碑文を刻ませた岩山ビーソトゥーンがある(I-4-1)。

この山は、クテシアスがギリシア語で「バギスタン」と呼び、ゼウスに捧げられたものと述べてい

I-4-1 レリーフ　ダレイオス1世(ビーソトゥーン)

るから、もともとは古代ペルシア語でバガスターナ(*bagastāna-)と呼ばれただろう。「神の座」という意味である。現代語のビーソトゥーン(Bī-sotūn)あるいはベヘストゥーン(Beh-sotūn)という名称は、それぞれ文字通りには「無柱」および「良柱」という意味だが、ペルセポリスがササン朝期にサドストゥーン(sad-stūn)すなわち「百柱」と呼ばれたのに対応した語呂合わせであろう。このことからもペルセポリスとビーソトゥーンが対をなしていたことがわかる。

ビーソトゥーンは麓に湧泉もあり、南面中腹には旧石器時代中期に人が住んだ洞穴もある。おそらく太古から人々を惹きつける山であったらしい。ダレイオスが碑文を刻む場所として選んだのも偶然ではなかったろう。メディアの都エクバタナがあったハマダーンの方角すなわち東から望めば、ビーソトゥーンの山はM字形に見える。奈良の二上山のように春分辺りに双子の峯の間に日が沈む様が神々しいと考えられたのかも知れない。ササン朝の忘れ形見でありながら、イスラム教シーア派の指導者エマームの母となったビービー・シャフルバーヌーが山の中に溶け込んだように、山の中ないし山の彼方に異界があるという伝説はイランにもある。そのような山には、ダレイオスが碑文を刻んだのちもいくつもの王朝、幾人もの権力者が碑文を刻み、彫刻を造った。

古代ペルシアの祖先は、ウルミア湖の辺りからザグロス山脈に沿って東南に進み、パールサの地に落ち着き、ペルシア帝国を建てたが、かれらは自分たちの来し方を懐かしんでいたのではあるまいか。アケメネス朝の諸王が、ユーラシアの中央平原に跳梁する遊牧農民スキタイの征伐に拘《こだわ》ったのも、その地がイラン民族の遥かなる故郷だったからかも知れない。アパダーナの基壇からはるか北北西を望むと、二五〇〇年前のペルシア人と同じ感慨に浸る気分になった。それを確かめるために、再びナクシェ・ロスタムに行かねばなるまいと思った。

5　十字形の王墓

ペルセポリスの見学は早々に切り上げて、ナクシェ・ロスタムに向かうべく、タクシーを雇うことにした。運転手はイラン伝統の肉体鍛錬《ズールハーネ》の選手のような巨軀で、たちまち人々に取り囲まれた。野次馬も巻き込んだ値段交渉に半時間を費やし、ようやく古いベンツに乗り込むと、そこには粗衣の老人が座っていた。この国のタクシーは乗り合いが普通だから同行者かと納得すると同時に、借り上げたつもりのこちらとしては、いっぱい喰わされたと思いながらも行き先を尋ねるのだが、小柄な老人の言葉は訛りがきつくてさっぱりわからない。「この旦那《アーガー》は何だ」と運転手に尋ねると、「息子を訪ねて行くんだ」と応える。ナクシェ・ロスタム近辺に人が住んでいるとは思えない。いろいろと聞いてみると、痴呆が進んだ父親を捨てて、息子が出奔したらしい。行方知れずの息子を求めて彷徨《さまよ》う老人がこのタクシーに乗り込んできたのである。行き先も定まらないが、さりとて路上に捨て去るに忍びず、「仕方なし《ビチャーレ》に車に乗せているのだ」と厳《いか》つい髭面《ひげづら》に似合わぬことを言う。事情はわかったが、客のこちらとしては迷惑千万、いつまでも老人を同道するわけにも行かぬので、何とかしろと運転手に言うと、息子は軍隊に入ったらしいので近くの基地へ連れて行ってはどうかと応える。その基地に息子がいるかどうかもわからぬ上に、そもそも軍隊に入ったかどうかさえ確かではない。もはや「神の御心のままに《エンシャーアッラー》」、なるようになれという心境である。

ナクシェ・ロスタムとは全く違う方角の基地へ向かった。基地のゲートで、運転手が門衛に事情を話しているあいだに、基地内からつぎつぎと人が出てきた。そのような人物は基地にはいないらしい。いよいよ困ったことになったと、車の中から軍人たちと話す運転手を見ていた。しばらくして、運転手が笑顔で帰ってきた。基地の方で老人を預かってくれることになったのである。

そんな訳で、ナクシェ・ロスタムに着いたときは昼もかなり過ぎていた。食事に行ってもよいかと訊ねる運転手に「夕方に帰ってくればよい」と二つ返事で了解したが、遠ざかる車のリアウインドーから載せたままの荷物が見えて、臍《ほぞ》を噛んだ。正直そうな男だから帰ってくるだろうが、時間はわからぬな、と覚悟を決めるしかなかった。

英雄ロスタムの記憶

ナクシェ・ロスタム(Naqš-e Rostam)は、ダレイオス一世などの王墓がある岩壁ないしその場所の名前であるが、「ロスタムの画像」という意味である。岩山クーへ・ホセインの東南すなわちペルセポリスの方角を向いてほぼ垂直に切り立った高さ数十メートルの岩壁に、アケメネス朝やササン朝の彫刻が刻まれている。もっとも古い彫刻は、紀元前九世紀頃の浮き彫りで、おそらくエラムのものだと思われる。風化が激しい上に、一部をササン朝の王が自分の浮き彫りに刻み直しているので、何の画像かはっきりしないのだが、帽子を被り、腰巻き姿の人物像が見える。その人物を現地の人々は英雄ロスタムだと見なしてきたのである。

ロスタムは『王書』に登場するペルシアのヘラクレスである。カエサルと同じく帝王切開で生まれ、霊鳥に育てられ、七つの試練ののちイランの守護者として外敵と戦い美姫と結ばれるが、図らずも我が子を討ち、異母弟と争って果てたという生涯は英雄説話の常道を行くもので、作者フェルドウスィーの創作ではない。パルティア語ではロータスタフム(Rodastahm)、アヴェスター語ではラオスタタフマ(*Raosta-taxma-)すなわち「勇み増す(もの)」と呼ばれ、古くから東イランの伝説に語られた英雄である。彫刻の由来や意味は忘れられたが、国の根幹に関わるということだけは人々の記憶に残ったのだろう。

ナクシェ・ロスタムの岩壁には、ササン朝の王たちもレリーフを七面ほど残した。いずれも幅が数メートル、高さが二メートル以上の巨大なものである。騎乗のアルダシール一世(在位二二六頃～二四一)がアフラ・マズダーから円環《フワルナ》を授かっている叙任図、騎乗のシャープール一世(在位二四一～二七〇頃)がローマ皇帝の投降を受けている図、バハラーム二世(在位二七六～二九三)が廷臣を率いる図(未完)、同じくバハラーム二世がローマ王と騎馬戦を闘う図二面、ナルセ一世(在位二九三～三〇二)が女神(?)から円環を受けとっている図、騎乗のホルミズド二世(在位三〇二～三〇九)がアルメニア王(?)を討つ図などである。解釈には検討の余地があるが、王権伝授や武勲ないし戦勝を示す図象が並んでいるのである。ササン朝はアケメネス朝の後継者を自負していたから、当然と言えば当然だが、ナクシェ・ロスタムは聖地となっていたのであろう。謂わば「神社」に絵馬を奉納するつもりで、レリーフを刻んだのではないだろうか。

十字形に穿たれた王墓

ナクシェ・ロスタムのアケメネス朝の彫刻は、縦横約二〇メートルの巨大な十字のレリーフで、王墓と考えられている(I-5-1)。その底辺は地面から数メートル上であるが、発掘調査によると当時の地面は現在より五メートルは低かった。十字の横画は宮殿の正面のように、四本の柱とそれが支える梁《はり》が浮き彫りにされている。ペルセポリスの宮殿を写したと言われるが、ペルセポリスの方に確実な資料がないので断定はできない。縦画の上部には、多数の民族がささげる二階建ての台のレリーフがある。台上には三段の壇が二つある。右の壇上には左手の弓を杖としてつき右手を拝むかのように差し出す人物、左の壇上には山型に筋が立ち上がっている足高の容器がある。人物は王で、足高の容器から立ち上がっているのは聖火だと言われる。両者の間の上方にはビーソトゥーンの浮き彫りにも登場する有翼円環が彫られている。十字の真ん中には玄室への入口が開いている。十字の縦画の下部分には何も刻まれていない。

I-5-1 十字形王墓(ナクシェ・ロスタム)

ナクシェ・ロスタムの岩壁には、同じような十字が四つ刻まれている。その中の西から三番目のものがダレイオス一世のものであることが碑文からわかる。ほかの三つは、碑文がなく、だれのものかわからない。おそらく王墓だと思われるが、碑文はダレイオスがアフラ・マズダーを讃え、自分の偉業と徳政を自慢しているだけで、墓を決定づける遺留品もない。玄室のなかには、岩壁に沿って廊下があり、それに丸天井の小部屋が三つ、直角に繋がっている。各小部屋の床には三つに仕切られた穴がある。この穴に木棺が安置されて、石蓋が据えられたのだと言われるが、すべて憶測の域を出ない。仮に、その憶測が正しかったとしても、木棺が全部で九合も収められたことになる。ほかの王墓も概ね同じ構造なので、単純に、例えば「ダレイオス一世の墓」とは断定しがたい。それがどの範囲までを指すのか不明だが、おそらく「王の一族」が葬られる施設だったと思われる。とすれば、ナクシェ・ロスタムの四基に、ペルセポリスの山クーへ・ラフマトの凸型王墓二基、および未完のもの一基を加え、さらにキュロス大王の墓だと言われるパサルガダエにある切り妻型の石館を含めれば、計八基になり、アケメネス朝九代約二三〇年にふさわしい数となる。エジプトで客死したカンビュセス二世の墓だけは今も所在不明である。

十字墓には右に述べたように浮き彫りの装飾が施されているが、十字形であることには変わりがない。この十字形はどのような意味を持っていたのだろうか。もちろん、古代ペルシアはキリスト教とは無関係である。

十字の表象

キリストが生まれる遥か前から、十字の表象が登場する。たとえば、北部イタリアのアルプス地帯には「カムーナの薔薇」と呼ばれる岩盤上の線刻がある。名前どおりに草花と見えるものや、卍のように尖端が同方向に曲がったものもあるが、基本的には十字である。青銅器時代に刻まれたと考えられるが、何を表象していたのか、何のためのものだったかはわからない。十字や卍などが特定の民族や宗教に固有のものではないことは昔から知られており、その起源や意味を解き語る諸書は紙価を高めてきたが、世界の諸文化に観察される十字が同一の起源に由来するのかどうかさえも、もはや確かめる術もない。しかし、墓制という保守的な文化に十字の表象が共通して登場するのは偶然とは思えない。

古代の中国にも十字形の墓があった。安陽市郊外の侯家荘《こうかそう》で発掘された殷の王墓である。四方に何十メートルも延びる墓道を備えた墓室が地面に掘られ、木組みで十字形の床が覆われていた。宋代よりたびたび盗掘の対象になったらしく、多数の青銅器や玉器、殉死者と思われる夥《おびただ》しい遺体などが出土したが、一九三〇年代の発掘時には、精確な墓相を知るのに足る資料は残されていなかった。しかし、墓が十字形であり、その墓形の象形が「亞」であることは間違いないであろう。「白亜」という通用表記が図らずも「白堊」の原義を表しているのである。「堊」はもとは玄室の壁土を意味したが、のちに墓壁に貝灰や漆喰《しっくい》を塗るようになって意味が「白土」に変わった。服喪の部屋を「堊室」と呼ぶことにも「堊」の原義が残っている。

「亜」は中国語でも日本語でも「次の」「第二の」の意に用いられるが、もともとは対の一方を意味したらしい。「婭」とは姉妹の夫同士を指す。「椏」とは木の二股を意味する。「悪」とは禁忌《タブー》に触れる心根を言ったのではないか。

先述のように、人の誕生とともに不滅の霊魂がやって来て、死亡とともに飛び去る。ゆえに、生きている人は、「身体《から》」と「霊魂《たま》」の合体したものである。ただし、肉体にたいする精神のような近代的な概念ではない。分身と呼んでもよいが、両者が合体して一体を形成するのだから、半身と呼んだ方が精確かも知れない。両者をペルシア語ではタヌーとルワン、中国では「白(＝魄)」と「云(＝魂)」と呼んだらしい。白は髑髏《どくろ》(白川静説)、云は天より垂れ下がる運気の象形ではないかと思う。古代エジプトで死後も肉体に留まるカ(kꜣ)と鳥の姿で肉体から去るバ(bꜣ)に対応するだろう。

人間が半身の合体であることは「生霊《いきりょう》」の伝承が物語っている。生霊とは存命中に遊離した霊魂のことで、遠地にいるはずの知人が夢枕に立ち、まもなく訃報が届くというような怪談が典型であるが、死が間近ではないときにも生じる。広く知られているのは、『源氏物語』「夕顔」で、光源氏の若き愛人に取り憑いて殺した六条御息所《ろくじょうのみやすんどころ》の霊魂である。このような生霊の伝説は日本に限らないから、不思議なほど本人に酷似した存在あるいは分身を意味する言葉は各国語にある。たとえば、ラテン語ではアルテル・エゴ(alter ego 原義は「他の自己」)、ドイツ語ではドッペルゲンガー(Doppelgänger)、ロシア語ではドヴォイニク(dvojnik)と呼ばれる。現代のイランでは、人が生まれると同時に、全く瓜二つのハムザード(ham-zād 原義は「同生」)と呼ばれる者がどこかに生まれると信じられている。エドガー・A・ポーの小説『ウィリアム・ウィルソン』のテーマである。

死去や誕生は半身の分離と合体とも言えるので、人生の区切りの場面の象徴は半身が二つある現象となるのである。例えば、伝統的なペルシアの婚礼では、婚儀に先立って、花嫁花婿はそれぞれに大衆浴場《ハンマーム》へ垢離《こり》に行く。屍体を湯灌《ゆかん》(温水とは限らない)し、赤子を洗礼(日本なら産湯)するように、ほかの通過儀礼でも沐浴するのである。そのおり、新郎新婦と同じ年格好のハム・ドゥーシュ(原義は「同肩」)と呼ばれる者が同行し、新郎新婦とまったく同じ所作を行う。英国の婚礼では、花嫁の裾を運ぶペイジ・ボーイと呼ばれる少年や、花びらを播《ま》くフラワー・ガールと呼ばれる少女が登場する。日本では、雄蝶《おちょう》・雌蝶《めちょう》(地方によっては、「お酌取り」とか「銚子役」)と呼ばれる男女の子供が三三九度の酌をする。これらは婚礼に登場する新郎新婦のアルテル・エゴの変形ではなかろうか。

葬礼のばあいも同様で、いわゆる殉死やインドのサティの風習の起源はこの辺りにあるのではないかと考えられるが、死者に生者を同行させるのも差し障りがあるようになると、民俗儀礼の通例にしたがって、代用物が用いられるようになったのではあるまいか。古代エジプトの王が、王の姿を写した柩に納められたのも同じ意味であろう。それが西欧中世に石棺に埋葬者の臥像《ジサン》を彫る習慣となり、さらにはいわゆるデスマスクを取る習俗になったのであろう。腐敗しない聖人の遺体に金や銀の仮面が被せられているのは珍しくない。

アルテル・エゴの表象が抽象化したのが墓所の十字であろう。イエスの磔刑《たっけい》像は、イエスが十字架の上で刑死した事実の表示以上の意味があったのではないかと思う。古いケルトの文化が残っている英国のコーンウェルでは、教区の境界にケルト十字の石柱が立てられているが、それに大の字の姿のイエス像が加わったものがある。もちろん、古い境界神がキリスト教化した結果だと思われる。

漢字の「凶」の正字は「兇」で、遺体の胸に×を記す習慣に因むと言われる。それは、「文」が胸に×を記した(あるいは彫った)丈夫の象形に由来するのと表裏をなしている。漢字「教」の「孝」は＋と×と子の象形である。＋と×は一身が半身二つに分かれたことを示す指事であり「通過」を象徴しているのである(一三八頁参照)。それに「行為」を意味する、杖をもつ手の象形「攵」が加わって、全体として「子供にイニシエーションを施す」ことを表象したのであろう。最高神を意味する楔形文字の✳(ディンギル dîĝir)は星の象形に由来するともされるが、＋と×の合体ではなかろうか。後期のアッシリア文字では「𒀭」となる。わが国では初参りの折に新生児の額につける×印(ほかに大や犬や小と書く地方もあるが、いずれも×の変形だろう。×を重ねた#もある)に通ずるのだろう。「あやつこ」という呼称も「文つ子」という意味であろう。

古代の大陸と現代のわが国が文化的に繋がっているとは唐突に見えるようだが、十字形墓は、少なくとも朝鮮半島にはあると思う。蔚山《ウルサン》の沖合に大王岩と呼ばれる岩礁がある。新羅《しらぎ》の文武王(在位六六一〜六八一)の海中墓とされる。上から見ると十字形に海水が流れ、その中央に石棺とも見なしうる長方形の岩がある。

肉と骨、そして葬送

『アヴェスター』「除魔法」は、一口で言えば、ザラスシュトラ(ゾロアスター)が発する具体的な質問にたいして、アフラ・マズダーが返答するという形式の文献であるが、その問答を整理すれば、古代のゾロアスター教における葬礼の概要がわかる。ゾロアスター教においては「清浄」がもっとも価値あることであった。この清浄は、精神上ではなく物理的に求められるべきものである。清浄の敵は汚穢であり、汚穢の極みは死によってもたらされると考えられた。死とともに人間の身体には女魔ナスが取り憑く。そして、屍体自体が穢れるだけではなく、汚穢を周囲に振りまく。よって、屍体は火葬にも水葬にも埋葬にもしてはならず、地面から遠ざかった最高所《バルジシュタ》に置く。その場所がダフマである。屍体の腐敗する部分すなわち肉は犬や鳥に食べさせてナスを追い払う。肉がなくなって骨ばかりになったら、その骨を一年間、雨水と日光に曝す。その後、骨を犬も狐も雨も届かぬ納骨所を作って、そこに永遠に納める。この納骨所がアヴェスター語のウズダーナ(uz.dāna-)、パフラヴィー語のアストーダーン(astōdān)、現代語のソトゥーダーン(sotūdān)だとも言われる。遊牧中のテントや簡易小屋で死んで、近くにダフマがないときは、テントや小屋を殯場《もがりば》にして、あとは放棄する。ウズダーナを設ける財力がない者には、骨を地上にそのまま放置し、むき出しで白日に曝すことも許された。

最高所に屍体を置くべしとの教えから、沈黙の塔が山頂に作られ、ハゲワシに屍体を食べさせることになった。イランの最高峰ダマーヴァンド山に悪霊アングラ・マニュが作った最大の悪魔アジ・ダハーカが葬られたという神話の背景である。

ダフマが沈黙の塔となってからは、屍体は専らハゲワシに食べさせることになったが、『アヴェスター』の時代には、鳥と犬に供した。この鳥と犬は、「肉喰らう《クルフシュフワル》」という枕詞《エピセット》がつくが、どんな鳥や犬かは述べられていない。鳥はハゲワシはもちろんのこと、カラスなど屍肉を食べる鳥一般を指しただろう。犬は『アヴェスター』にはさまざまな種類が登場し、その一部は意味が明白ではない。いっぽう、『原初の創造』「動物の分類」などでは、カワウソ、ビーバー、キツネなども「犬」に分類されている。だから、『アヴェスター』の「犬《スパン》」はおおむね「イヌ科」と解釈すべきだろう。いずれにせよ、人間が飼育する鳥や犬ではなく、野生のものである。そして、獣どもが屍体を散らかして汚染が広がらないように、屍体を固定すべしとの記述もあるから、ダフマは中世以降の沈黙の塔のように物理的に近づきがたい場所ではなかったようである。葬礼はどこの国でも禁忌で、他《よ》所《そ》者には容易に知りがたい文化である。あれほどさまざまな物事を見聞したヘロドトス（一—一四〇）でさえも、遺骸の処理は秘密にされていてはっきりはわからないと断っている。それでもマゴス僧（ゾロアスター教の司祭集団）の場合は大っぴらに遺骸を鳥や犬に食べさせるが、一般人は埋葬するらしいと推測している。このヘロドトスの意見は正鵠を射ていただろう。後に沈黙の塔あるいは墓を意味するようになった「ダフマ」は、インド・ヨーロッパ祖語*dhm̥bh に由来し、原義は「埋める」であると言われる。

白骨の再葬を前提として、遺体を白日に曝しても、土中に埋めても、容易に回収できる状態であったから、鳥獣が遺体を喰らうことも間々あったろう。今となっては、そういう事実が先にあって、遺体を喰らう動物が神聖化されたのか、もともと神聖と見なされてきた動物の餌食にするようになったのか不明だけれども、鳥獣に喰らわせることが屍体の白骨化の一法として制度化したのであろう。遺体といえども人肉を動物に供するのは現代のわれわれには嫌悪を催させるが、わが国でも中世には屍体を鳥獣に喰わせることは異常なことではなかった。そもそも、白骨化とは餌食になることだと意識されていたようである。

ラテン語で石棺をサルコファグス(sarcophagus)と言うが、この語は「肉喰らい」というギリシア語に由来する。もともとはギリシアのアッソス近辺から出る大理石のことで、この石の棺に屍体を収容すれば、いち早く白骨化したと言われた。古代人は、獣に喰われることも石に溶け込むことも、しょせん同じことだと認識していたのではあるまいか。

鳥獣に喰わせたあとの白骨を一カ所に集め、一年のあいだ白日に曝し、その後に納骨所に納めなければならないから、屍体を鳥獣に供する場所、日光と雨水に曝す場所、最終的に骨を納める場所の三カ所があったと思われるが、異教徒には区別がつきにくいものだった。

ダフマの現代語ダフメ(daxmeh)は、アケメネス朝の納骨所も意味する。ナクシェ・ロスタムのいわゆる十字形王墓やペルセポリスの近辺には、岩壁に穿った穴がいくつもある。そのサイズはさまざまだが、成人の肉体がそのまま収納できるものはほとんどないから、最終的な納骨所だろう。地表からかなりの高さにあり、かつては蓋があったであろうから、鳥獣を近づけず、雨水も避けるべきだという『アヴェスター』の条件も満たしている。いっぽう、納骨所を意味したアストーダーンの現代語ソトゥーダーンは、一般に「墓」も意味した。ペルシア詩の父であるルーダキー(八五八〜九四一頃)が詠う、「逝きし者は生き返らず、ソトゥーダーンへ行くのみ。そは世の定め、この世の続く限りは」と。結局、一般の語法ではダフメもソトゥーダーンも区別がつかなくなった。

アケメネス朝の人々が、ゾロアスターの教えに従ったかどうかはわからない。しかし、少なくともアフラ・マズダーを信奉していただろうし、マゴス僧にあたる「マグ(magu-)」がいたのは確実だから、おおむね『アヴェスター』の述べるように葬送されただろう。とすれば、十字形王墓は、優に人間が出入りできるほど大きなものであるが、遺体をそのまま収納したとは思えない。現在では中には何も残っていないので、それこそ推量だが、王家の納骨所だったのではないか。

霊魂の運命

遺体は最も高い所で処理しなければならないから、ナクシェ・ロスタムの岩壁の上に行きたいと思った。しかし、その岩壁は垂直に近い。どこかに登り口がないかと岩壁を左手へ辿った。

やがて壁は北に折れる。そこに自然岩を刻んで造った一対の四角錐台があった。あたかも四本脚の台のように角に円柱様の装飾が施されている。上面には深さ約一〇センチメートル、一辺約三〇センチメートルの四角の窪みが掘られている。貨幣や印章に刻まれた拝火壇の図柄に似ているから、そのように見なされてきたが、現場は天候から火を守るための円蓋などの設置が無理そうな斜面である。それで最近では納骨所《アストーダーン》だとも言われるが、最終的に遺骨を納める所にしては雨晒しなので、『アヴェスター』の条件に合わない。また、一対であることにも意味があるだろうか。

この拝火壇ないし納骨所のある斜面は、道筋を選べば登ることが出来る。数十メートル登って下を覗くと、件《くだん》の「拝火壇」の背後の岩山にも同様の人工の窪みがいくつかある。おそらく、骨だけになった遺骨を集めて、さらに一年間風雨に曝す場所ではなかったか。

岩山の上は平らで、高台のようになっている。そこには、何か建築物の土台とおぼしき跡がある。一説には、ここにエラム人の神殿があったと言われる。エラム人の宗教はほとんど何もわからないが、山上に神との接点を求めるのは、民族や文化の相違を越えた人間の普遍的な思考の一つであるから、この遺構がそのような聖地であったとしても不思議ではない。あるいは、ここでアケメネス朝の人々は遺体を処理したのではないかと思った。

霊魂が去った遺体を保存するかどうかは、流行廃《はやりすた》れがあった。その原因はうまく説明できない。極端に執着したのは古代エジプトで、遺体をミイラにした。いっぽう、近代のゾロアスター教徒は、遺体を沈黙の塔で鳥の餌食にしたあと、その残り滓《かす》を地下の施設に送って強酸で処理したと言われる。同じ火葬と言っても、インドでは遺灰を川に流すが、わが国では壺に回収して埋葬する。これは、風葬によって白骨化した遺骨を集めて改葬する琉球の複葬に通じるが、中世の本土では山野に遺体を放置して墓に納めることもなかったようである。ところが、今日では遺骨蒐集に執念を燃やす人々があるいっぽうで、散骨を望む人が増えてきた。近年、土葬を伝統としてきた国々で、火葬が激増しているのも奇異なことではない。埋葬地の確保が困難になったからだと言われるが、そんな単純なことではあるまい。アケメネス朝の後裔を自認するササン朝の王は立派なレリーフや碑文を残したが、明白に王墓と認定されるものは発見されていない。

死者の肉体はそのようにさまざまに扱われ、霊魂は肉体を離れたあと自分の半身に出会う。『アヴェスター』「副唱の部《ハードーハト・ナスク》(Hādōxt-nask)」には死者の霊魂の運命がこう語られている。

> 第三夜が経過しても義なる死者の魂は屍体の頭の辺りに留まっている。そして、魂には夜の明けるのが見え、森のなかで、匂いをかいでいるような気がする。真南の方角からもっとも香しい風が、吹いてくる。魂はその風を吸っているような気分になる。「どこから吹いてくるのか。

今までに嗅いだこともないほど香しい風だ」と思っていると、風のなかを一五歳の少女が進んでくるのが見える。麗しく輝き、白い腕は生気にみちて凜々しく、肢体はすらりと伸びて背が高く、乳房が張り出し、立派な身体つきで、いかにも高貴な富家の生まれに見え、どんな者よりも美しい容姿をしている。そこで魂は尋ねた。「麗しい乙女よ。だれよりも美しい方。あなたはどなたですか」。すると、乙女は答えた。「若者よ。わたくしはあなた自身です。心も言葉も行いも善かったあなたの自我《ダエーナー》です」。

正しいことを考え、正しいことを語り、正しいことを行う者はそのような美しい自我に迎えられる。しかしそうでない者の霊魂は、悪臭のなかで醜女《しこめ》が待ち受けるのである。自分の場合はどうだろうかと、岩山クーへ・ホセインを下りながら、柄にもない思いにとらわれていた。これも聖なる山の影響だろうか。

ダレイオスの王墓の前に戻ってくると、巨体の運転手が待ちくたびれたように立っていた。

6　ザグロスの旧石器人

ザグロス山脈の裾野に位置する小高い丘に登った。

ザグロス山脈は、トルコからペルシア湾の開口部ホルムズ海峡まで、イランの西南国境に沿って聳えている。その西南の斜面の高低差は二〇〇〇メートルを越える。その勾配を利用して、カシュガイ族が遊牧生活をしている。冬場の低地と夏場の高地のあいだを毎年二回、三〇〇キロメートルに及ぶ距離を羊や山羊を連れて移動するのだ。春先に草が芽吹くころには、遊牧地の山に羊や山羊が踏み分けた細道が、緑の絨毯に茶色の網目模様になって現れる。そのような草を求めて、敷き物や天幕など家財道具いっさいを小柄なロバに背負わせ、荒野を渡っていく。

深紅の絨毯

世に名高いペルシア絨毯は、二〇〇〇年を越える王朝文明の中で洗練され、今では都市の工場で一枚の絨毯を専門家の意匠に従って労働者の織子が織るものだが、遊牧民が昔ながらに織るものこそ、本来の「ペルシア絨毯」だろう。それは大小さまざまであっても、畳一畳ぐらいの大きさである。そのサイズは、まさに人一人に相応《ふさわ》しい広さであり、遊牧民がロバに載せて運べる大きさである。ふつうは、乙女が母親に教わった家伝の紋様を二枚織り出す。町の工場では縦糸を垂直に張り、絵柄図を参照しながら、複数の織子が一枚の絨毯を織るが、遊牧民は縦糸を地面に沿って水平に張り、屈んで織る。織るといっても、縦糸と横糸の交点に短い毛糸を結びつけて行くだけである。文字通り手間のかかるものだから、その結び目の数が絨毯の価値を決め、その切れ端が絨毯の毛足となる。最後に毛足を刃物で切り揃えれば完成である。街では新品の絨毯をわざわざ路上に広げて、通行する車に摩耗させる風景を見かける。昔とは異なって近年は薄いものが上等とされるからだが、一説に中古絨毯を買い占めた商人が造り上げた「新しい価値観」だと言われ、商売用の絨毯に限ったことである。乙女は自分の織った絨毯の一枚を売って嫁入り資金を作り、残った一枚を携えて嫁ぐ。

カシュガイ族の絨毯は、深紅を基調にしたものであるが、昔はこの赤色にカイガラムシの一種(Kermes vermilio)を染料とした。この染料をアラビア語でキルミズ(qirmiz)と呼んだが、これがおそらくスペイン語を通じて英語に借用されて、クリムソン(crimson「深紅」)やカーマイン(carmine「洋紅」)となった。アラビア語のキルミズは、おそらくペルシア語ケルム(kerm)すなわち「虫」の派生語を借りたのであろう。さらにサンスクリット語のクリミジャ(kr̥mi-ja-)に遡るとも言われるがどうであろうか。クリミジャは「虫から作った」という意味で、染料とは限らず、生糸なども指す。またキルミズの原料となる虫が寄生するトルコ柏(仮称 Quercus coccifera)は地中海沿岸にしか分布しない。キルミズはサルゴン一世(在位前一九二〇〜一八八一頃)の時代から知られた染料で、それで染められた毛布が古いペルシア語でサキルラート(saqirlāt)と呼ばれ、これがラテン語に借りられて、英語などのスカーレット(scarlet「緋色」)になった。サキルラートの語源は知られていない。

赤色は血を連想させるからか、諸国諸所で「聖」なる場面に登場する。ザグロス山地でも紀元前六〇〇〇年紀から二〇〇〇年紀にかけての墓から紅土で覆われた遺体が発掘されている。赤色は生命力を象徴したのだろう。その中で突出して用いられたのが辰砂すなわち朱だが、西洋では古くからヴァーミリョン(英語 vermilion など)と呼ばれた。この語はラテン語ウェルミス(vermis「虫」)の派生語だから、キルミズの代用と考えられていたのだろう。しかし、人々はいつしかキルミズが虫に由来することを忘れ去ったらしい。イタリア・リキュールのアルケルメス(alchermes 語頭の al- はアラビア語の定冠詞)は、中世以来、その色ゆえに心臓病に効くと珍重されたが、近代になってその発色の元が虫だと知られるとともに廃れていった。

洞窟と崖、その下の湧水

いつかすれ違ったカシュガイ族の姿を思い出しながら山道を進む。山地にはほとんど植生が見られない。現在は緑がかった軍服の色を示す「カーキー」とはペルシア語(xākī)を借りたものだが、本来は「土色」という意味である。天空の「アービー(水色)」と大地の「カーキー」の二色のみに塗り分けられたこの地の自然の印象が鮮烈であったからか、英国人が茶褐色の軍服を表すのに借用した。何千年ものあいだ風と雨に表土が洗われて露呈した地層が、何キロメートルの彼方からも観察できた。その地層が地平線にたいして斜交《はすか》いに走り、褶曲によって山脈が形成されたことを物語っている。

丘の中腹には浅い洞窟があって、その前が岩棚になっていた。洞窟の前の岩床には人骨が露出していた。京都大学人類学教室の池田次郎教授(当時。一九二二〜二〇一二)によれば、旧石器時代人のもので、周辺に散乱している石片には旧石器が混じっているそうだ。そのいくつかを拾って、どれが石器でどれが自然の石塊《いしくれ》かと訝っていると、いつの間にか村の子供たちにとり囲まれていた。無為の毎日が続く村の生活の中で、遠来の異邦人はまたとない見物の対象である。石器の蒐集を彼らにも手伝って貰うことになった。自然の石塊は周囲の剥離痕が出《で》鱈目《たらめ》だが、石器の場合は作為の結果、端の欠け方に方向性があるので、慣れれば一瞥で弁別できるのだそうだ。とにもかくにも「仕事」ができた子供たちは、三々五々、歓声をあげながら散っていった。

自然の岩棚から下は急な崖で、眼下には平原が広がっていた。山から剥ぎ取られた土砂は、山裾に積もって扇状地を形成し、それが何年もの間に均《なら》されて平原となったのである。その平原は地平線の彼方まで広がっているように見えたが、乾季というのに四輪駆動車が必要だった。それは平原が砂地だからではない。伏流水が、山裾と平原が接する辺りで地表へと現れ、平原をあちこちで潤しているからである。見た目には沙漠ないし土漠のようである平原の土壌は、粘着性がないのに水分を含んで、泥濘《ぬかる》んでいるのであった。それが証拠に、荒野にも拘わらず、草叢《くさむら》が点在しているのである。

山裾とくに崖下に洞窟があってそこから水が流れ出し、ついには大河となって大地を潤すイメージは、古来、人間が描いた世界像であったらしい。中世絵画ではエデンの園がそのように描かれることもあった。丘の下に岩窟があり、さらに水が流れ出す地勢は女性を連想させ、すべての根源も象徴する。崖下に湧く泉の象形である漢字の「原」は源や始原を意味するようになった。わが国でも、そのような湧水は生命の源泉として聖なるものと考えられ、中世以降には弘法大師伝説と結びつけられて、「弘法水」とか「弘法井」と呼び習わされるようになった。それが万病に霊験あらたかといわれる霊泉であったり、味酒《うまさけ》が醸される名水であったりする。

丘の中腹の洞穴に住む旧石器人は、岩棚の上から、眼下の泉に水を求めて来る獲物を狙っていたのではなかろうか。それゆえ、崖下の湧水は、単なる水場以上の意味があったのであろう。白川静によれば、平原を意味する「原」は本来、「邍」と書かれて、狩猟のための犠牲祭を表示していて、狩猟場の意味だったそうである。

ザグロス山中には、ずっと時代が下ったササン朝期(三〜七世紀)のものだが、ターケ・ボスタンすなわち「楽園の円蓋」と呼ばれる遺跡がある。禿げ山の裾に石窟二つがあって、その前に溜池がある。溜池からは川が流れ出している。現存の石窟自体は、ササン朝美術を代表する浮き彫りが施されているが、周辺には池に水を供給する水源やその痕跡があり、古代にはターケ・ボスタンが乾燥した荒野の中で珍しく水が湧き出す岩窟であったことを示唆している。実は、この禿げ山はビーソトゥーンすなわち「神の座」である。東に数キロメートルほど行けば、ダレイオスの大碑文がある。この山塊全体が聖地と考えられていたのだろう。

大きい方の石窟は、ホスロウ二世(在位五九〇〜六二八)が造らせたものである。奥の壁には馬上の武者のレリーフがある。崩壊が進んで、何者かわからないが、おそらく王自身であろう。その上に、王がアフラ・マズダーから王権の象徴であるフワルナを授かる図がある。この王の背後には、右手でフワルナをかざし、左手の壺で大地に水を注ぐ女神が立っている。いわゆる灌奠《かんてん》の儀礼を表しているのであろうか。

狩りをする王

大きい方の石窟の左右の壁には、帝王狩猟図と呼ばれるレリーフがある(I-6-1)。右壁には馬上の王が鹿を狩る様子が描かれている。同じ図に王が三人登場する。従僕が翳《かざ》す王傘の下で王笏《おうしゃく》を掲げ馬を進めようとする王、馬を駆って矢を射る王、それに常歩の馬上で王笏を掲げる王である。これは同一の王の姿を過去、現在、未来にわたって描いたものであろう。左壁では、王は舟に乗って湿地の猪を狩っている。この図では、舟上で弓を引き絞っている王と矢を射終えた王の二人しか登場しないが、王が伴う楽団を乗せた陪舟が三杯描かれているから、何かの事情で弓を引く前の王が描き損なわれたのであろう。そして、矢を射たあとの王には後光が描かれている。図では鹿の狩場は矢来垣のようなもので、猪の狩場は幕で囲まれている。王はパラデイソスすなわち「生死の別世界」で殺生をして後光を得るのである。

この帝王狩猟図は、実際に王が行った猟の様子を描いたものではなく、その狩場も現実に存在した猟苑ではないと思う。狩猟を終えた王に後光がさしたのは、狩猟によって王が神々しい者になったことを意味している。すなわち、王が王権を更新したのである。それが陸上と水上で行われたの

I-6-1 帝王狩猟図　陸(右)と海(左)(ターケ・ボスタン)

は、王がこの全世界の支配者であることを象徴しているのであろう。

アイヌの人々が「それ(＝神)を行かせる」という意味の「イヨマンテ」において、神であるクマを殺して食べるように、古代では神あるいは神とみなされる者を殺し、しかもそれを共食することが重要な儀礼であったらしい。神すなわち古い王を殺して、自分がそれに代わる儀礼だと考えられたらしく、後世には王権更新の儀式となった。さらにその原義も忘れ去られたが、現在も王室ならびにそれに倣う人々の間に伝統文化あるいは娯楽である狩猟として残っているのである。クセノポンがパラデイソスを見たときには、もはや儀礼としての狩猟の意味は忘れ去られていたのかも知れない。しかし、そこに何らかの精神性が残っていたからこそ、楽園という意味で借用されることになったのであろう。採集経済時代の人々にとって、大型動物を獲ることは至難であった。そのことは、近代まで採集経済であった人々が多く虫類を捕獲していたことからも推測できる。しかし、同時に、古代の人々も動物性蛋白質が身体の成長に格段に優れた食料であることは本能的あるいは経験的に知っていたに違いない。大型動物が生命力の象徴となり、それを捕獲することは偉業であり、その偉業を指導する者は権力を得たであろう。

いっぽう、いつのころからか、その狩猟は弓矢で行うべきことになった。

その結果、弓の上手、とくに強弓を引けることが王の資格となった。ビーソトゥーンの浮き彫りで、ダレイオスと思われる人物が弓を片手に捕虜を引見している。ナクシェ・ロスタムの王墓のレリーフでも王は弓を左手に持っている。古代エジプトでもメソポタミアでも弓矢で狩りをする王が壁画などに描かれている。

古代のイラン系遊牧民であるスキタイの起源をヘロドトス（四―八～一〇）が伝えている。それによると、牛追いのヘラクレスがスキタイの地で道に迷って、洞窟に住む蛇女と同棲することになった。ここでも牛飼いが川辺で女に遭遇したのである。やがて二人のあいだに三人の息子が生まれたが、男は自分の弓を蛇女に与え、それが引ける者を跡取りにするようにと言い残して女の許《もと》を去った。三人の息子のうち、末っ子のみが父の残した弓が引けたので、スキタイの王となった。スキタイという呼称は、英語の shoot と同源で、おそらくインド・ヨーロッパ祖語 *skeud- すなわち「射る」に由来するのだろう。

九世紀に書かれたと言われる『バーバーグの子アルダシールの行伝』は、ササン朝の開祖アルダシール一世の伝記であるが、それによると、パルティアの人質であった青年アルダシールは、パルティアの王子よりも弓に秀でており、狩りで野生のロバを射たところ、矢がロバの体を貫通した。この出来事が契機となって、青年は逃亡し、パルティアを倒したのである。

ナクシェ・ロスタムから北西に約一二〇キロメートルのところにタンゲ・ボラークという谷がある。ボラークとはムハンマドが天に昇ったときに乗った馬の名前である。そこの崖の岩棚に鍾乳洞が口を開いている。現在は水が流れていないが、水盤があるから、かつては泉が湧いていたのだろう。岩棚の下に流れる川の岸に岩棚から崩落した岩があり、それにシャープール一世の碑文がある。こは予の射程なり。予は王たる天子バーバーグの孫、神の血を引くマズダー信者にてイランの諸王の王たる天子アルダシールの子、神の血を引くマズダー信者にてイランと非イランの諸王の王たる天子シャープールなり。予は諸侯と王族と大人《たいじん》と貴族の前で矢を射たり。この石塚からかの石塚まで矢を射抜きし。今や、名手と思う者は、この石塚からあの石塚まで矢を射よ。かの石塚まで矢を射抜かば、名手たるべし。

パフラヴィー語とパルティア語で同じ内容のものが刻まれているから、公式の碑文である。さらに、ほぼ同文の碑文がナクシェ・ロスタムから四キロメートルほど東のハッジアーバードの洞にもある。この碑文では、遠すぎて矢が当たったかどうかわからなかったので、的を近づけさせたとあるから、強弓で遠矢を射たに違いない。ハッジアーバードの洞の周辺は、長年の崩壊による砂礫が地表を覆っているが、以前にはここにも水泉があったと思う。崖下の源の洞穴の前で王が遠矢を射る儀礼を行ったのである。それは王たる者の証明であったろうし、王権の恢復でもあったろう。

旧石器人も後世の人々のように、洞穴の下の泉の辺りで狩りをしていたのだろうか。岩棚の上に潜んで、獲物が水を飲みに来るのを窺っていただろう。その旧石器人が、骨となって洞窟の前に埋もれている。キリマンジャロの豹ではあるまいが、彼はなにゆえにその場に横たわったのだろうか。

洞窟の入口に埋葬されたのであろうか。あるいは、何らかの偶然で、放置された遺体が今日まで残存したのだろうか。いずれにせよ、岩棚に立って地平の彼方に沈む夕陽を見ていると、死期が近づいた旧石器人の感慨を思いやらざるを得なかった。

7　詩歌の国

イランのアスガル・ファルハーディー監督の『別離』(二〇一一年)がベルリン国際映画祭で金熊賞を、さらに、アカデミー賞の外国語映画賞を取ったと知って、久しぶりに劇場に出向いた。伝統的な社会では、子供を産むことが結婚の最重要事で、不妊が離婚の理由にさえなることもある。それで、子宝を得るためのさまざまな俗信がある。ザグロス山中の寒村でそれを調べようとしたことを思い出していた。

生まれ変わりを信じて

三代前まで遊牧民だったが政府の定住策で農民となった人々ののどかな村であった。テヘランにあった革命前夜の不穏が嘘のようである。このような場合の手土産には、砂糖を蜂蜜で円錐台形に固めた「ガンド」が相応しいのだが、ほとんど見かけなくなったので代用品の角砂糖を万屋《よろずや》で買って持参した。どんな村でも茶館《チャイハネ》が一軒はあるほど、茶は欠かせない。一杯の茶《チャーイ》と一服の水煙草《ツーツーネ・チョボク》で無聊を慰めるのが年老いた男の半日だ。伝統的な茶の飲み方では、金槌で砕いたガンドの小片を紅茶に浸し、それが口中で徐々に溶けるのを楽しむ。角砂糖では簡単に崩れすぎて駄目なのだが、「近代化」は田舎まで浸透し、あらゆるものをつまらなくしていく。

村長は「お前の家だ」と、おそらくいちばんよい部屋を開けてくれた。「日本では、俺の家がお前の家だ」と応じたが、彼らが日本へ来ることはあり得ないと内心いささか後ろめたい。

庭を走り回っている鶏を潰して、丸揚《ソルフ》げにしたものを出してくれた。それをおかずに男たちが車座になって飯を食べる。羽根を毟《むし》り臓物をとり除いた鶏に、塩と胡椒をまぶしただけで浅鍋の上で匙で油をかけながらくるくると回して焼いたものだが、さすがに放し飼いの鶏は美味だ。しかし、背後で女と子供が男の食事が終わるのを待っているので、落ち着いた気分になれない。叉骨が出てくると、引き合おうと長が言う。鳥の叉骨を占いに使うから、英語では「ウイッシュボーン」と呼ぶことは知っていたが、ペルシアにもそのような習慣があるとは知らなかった。これなら、きっとさまざまな民俗について訊ねても教えてくれるだろうと思い、息子が新婚なのを知って、「子供がなかなか出来なかった場合にはどうするか」と訊ねた。

「病院へ行く」

「それでも出来ない時はどうする?」

「神の御心のまま!」

後はいくら訊ねても、「病院へ行く」の一点張りだった。そんなことはない。民俗誌や西洋人の見聞記を繙《ひもと》くと、遺骸を洗う石壇で一夜を過ごすとか、隊商のラクダや獅子の石像をくぐるなどという記述に出会う。一見、奇習のようにも思えるが、そうでもない。

昔の人は寿命も今ほど長くはない。一〇進法と一二進法の組み合わせである干支が六〇しかないのは、それ以上の年数を必要とすることが稀であったからだろう。それゆえ、六一年目すなわち還暦を迎えることはめでたいのであった。一世代が三〇年だから、その年数はおおよそ二世代に当たる。ちょうど祖父母が亡くなる頃にその孫が生まれると、隔世遺伝で新生児が親よりも祖父母に似ていることがあった。それで、人々は、新生児は祖父母の生まれ変わりと思ったのかも知れない。その信仰が祖父の名前を名告ったり、一字を継いだりする習慣となったのだろう。偉人の名前を継ぐのも、偉人たることを期待してだろう。イスラム教シーア派の第八代教主エマーム・レザーが暗殺されたとされる町メシェハドとは殉教地という意味だが、そこのレザーの廟には教主の遺体を洗ったとされる石盤があり、それを洗った水を呑めば懐妊すると信じられている。祖父母や偉人が我が子となって生まれ変わるのを期するのではあるまいか。

懐妊祈願の祠

血族や集団を象徴する動植物をトーテムと呼び、それに精神的関係をもつ文化をトーテミズム(その有無も含めて諸説がある)というが、わが国で岩田帯を戌《いぬ》の日に巻く習俗のように、ペルシアにもトーテミズムと思われる文化現象があり、懐妊を動物に頼ろうとするのである。それで、動物の下を潜る。それは疑似出産を意味しているとも解釈できる。

テヘランでは、南郊外のレイにある祠《ほこら》に詣でるのが一つの方法であった。レイは古代語ではラガーと呼ばれるメディアの都で、ダリウス大王の碑文、ゾロアスター教の経典『アヴェスター』、『旧約聖書』続編(外典)「トビト記」および「ユディト記」などにも登場する。アルボルズ山脈南麓をカビール沙漠に沿って東西に走る街道の中央部に位置するオアシスで、遺跡は紀元前六〇〇〇年に遡るが、一三世紀のモンゴルの侵略によって、住民が現在のテヘランに避難したために寂れた。その丘にビービー・シャフルバーヌーの祠がある。

伝説では、ササン朝最後の王ヤズデガルド(「神業」ぐらいの意味)三世にビービー・シャフルバーヌー(「国母様」ほどの意味)という名の娘があったが、アラブ人(イスラム教徒)に囚われてメディナに送られた。そこで、ムハンマドの従弟アリーと娘ファーティマの間の子フサイン(ホセイン)の妻となり、シーア派第四代教主《エマーム》を生んだ。ところが、夫フサインはウマイヤ朝第二代カリフ(「〈神の使徒の〉代理人」)であるヤズィード一世の軍隊に、六八〇年一〇月一〇日にユーフラテス河岸のカルバラー(バグダッドの南約一〇〇キロメートル)で虐殺されたため、ビービー・シャフルバーヌーはペルシアに逃げ帰った。ようやくレイ近くまで来たが、仇軍に追いつかれそうになり、神に縋《すが》ろうとした。そして「ああ神さま《ヤーッラーフ》」と言うべきところを、狼狽のあまり「おお山さま《ヤー・クーフ》」と叫んでしまった。すると、たちまち山が割れた。彼女はその割れ目に消えた。その跡に祠が建てられ、女性と預言者ムハンマドの子孫である男性(ザイイドと呼ばれる)のみが参拝を許されることになった。女たちは自らの幸せを願って参る。その幸せとは、子供を授かることと夫が不妊を口実に外に妻を持たぬことだと言われる。

この伝説が史実に基づくものかどうかは分からない。ただ、同様の伝承がテヘランから七〇〇キロメートル離れたゾロアスター教徒の町ヤズドにもある。それらが水源に位置することなどから、もとは古代の豊穣の女神アルドゥィースール・アナーヒード(中世語形)の祠があったものと推察される。そこから「生命の水」を汲むような信仰があったのであろう。それが、イスラム教シーア派風に正当化されたのかも知れない。

このような民俗に代わる懐妊祈願の呪いなり儀礼なりがありはしないかと思って訊ねたのだが、一向に埒《らち》が明かないので、純朴な人々はしばしば迷信、俗信の類いを恥ずかしいものだと誤解して、隠したがるものだと自分に言い聞かせた。

すると、親たちの遣り取りを横で聞いていた新婚の息子が、「ちょっと、教えて貰いたいことがある」と小声で耳打ちし、「自分はまだ若いから子供は要らないのだが、どうもイラン製は具合が悪い。日本には良い方法があるのだそうだ……皆が寝静まったころに聴きに行く」と恥ずかしそうに付け加えた。大凡《おおよそ》のことは察したが、果たして、オギノ式避妊法をペルシア語で説明できるかどうか……。

テレビドラマの劇中歌

映画『別離』は、テヘランの上層階級の夫婦の離婚問題を縦糸に、昔ながらの伝統的な家族の姿を横糸にした、確かに国際的評価が高いのも頷ける作品であったが、私にとって印象的だったのは、映画の質だけではない。そのテーマあるいは原題「ナーデル(夫)がスィーミーン(妻)と別れること」が昔を思い出させたからである。

イラン革命の前年、『離縁《タラーグ》』というテレビドラマが大ヒットしていた。イランの伝統的社会では、離婚の権限は夫にしかない。夫が認めないかぎり、妻は別れることが出来ない。当然のことながら、別れたくとも別れられず、不幸な結婚生活を強いられて泣く女性は少なくない。そのような女性を救い出すという各回完結の連続ドラマだった。毎週、どこそこに苦しむ妻がいると聞くと、サファリルックに望遠レンズつきの一眼レフカメラをもつジャーナリストが、長髪にトンボ・サングラスの女友達を伴ってジープを駆り、女性の許へ赴くのだった。現実離れした主人公もいかにもペルシア的だった。ペルシア語には「ヒヤール(xiyāl)」という言葉がある。アラビア語ハーラ(xāl＝思)の派生語の借用だが、非現実的な夢想というような意味でよく用いられる。ヒヤールは昔も今もペルシアの世界に満ちあふれている。

ペルシア文学では、散文はサアディーの『薔薇園《ゴレスターン》』のように、世俗の社会でうまく身を処するための教訓にみちた寓話が主流であるのにたいして、韻文は幻想的とも言えるヒヤールに彩られた象徴詩が代表である。詩聖ゲーテが『西東詩集』で、ペルシアの代表的抒情詩人ハーフェズへの傾倒をなんども吐露したように、ペルシア古典文学の名詩は言葉の奇跡の一つであろう。ハーフェズの詩、特にガザルと呼ばれる抒情詩の主題は単純である。別離と疎外、そして苦悩を伴う愉悦あるいは享楽のなかの苦痛である。果たせぬ夢とは果たせぬが故の夢と言ってもよいだろう。それをまことに美しい韻律の隠喩で綴ってある。ゲーテはドイツ語訳で読んだのだが、さすがに天才は、翻訳であっても、メタファーの含意のみならず韻律美も理解したのだった。

ガザルは押韻二行連句を単位として数連で構成されるが、最終連にはハーフェズ自身への呼びかけがあり、アフォリズムとなっている。イラン人の多くの家庭は『ハーフェズ全集』を備えており、折に触れて、念じながら全集を開く。そこには、読者を叱咤し、鼓舞し、冷笑し、慰撫する言葉がある。

ドラマと同名の主題歌をグーグーシュ(一九五〇〜)という女性が歌っていた。彼女は歌手のみならず、女優としても人気を博していた。両親がアゼルバイジャンからの移民で、離婚経験者であったからか、低俗な女として一部の人々の顰蹙《ひんしゅく》を買っていたが、大衆は熱狂的に支持していた。カセットテープを売る露天商が大音響で「離縁」を流すから、彼女の歌声は、フランスのパリに倣って設計されたと言われるテヘランの街に満ちていた。

聞いて。道連れの人《かた》
苦しい路の、この苦々しい物語を
そう、この闇夜では灯りはあなただけ

これは一通りの話ではない
ありふれた堕ちた姿でもない
他人事《ひとごと》として見物してきたのではない
わたしたち自身の苦痛。この虚しい姿は

哀しみが続いては、旅はとても疲れる
死のうと思ったら山でも萎える

恨みのごとに、心が裂けて涙が流れる
彷徨《さまよ》う痛みに、悲鳴も出ない

聞いて。道連れの人《かた》
苦労の旅路へいっしょに発った
ことある度にいっしょに泣いた

声を殺して泣き悲しんだので
辛苦の一歩が話の一節となった

苦痛の衣を縫って愛の身体《からだ》を隠したけど
一緒でも一人でも、救われないと識《し》った

一人でやってきて救われなかったけど
一緒でも結局、孤独の毒を呷《あお》った

この旅路をともに進めば、いつか
幸福《しあわせ》の詩《うた》を歌う時が来たはずなのに

グーグーシュは革命後もしばらくは祖国に留まっていたが、ついに国外に去り、今も衰えぬ美声で望郷の念に駆られるイラン人を慰めているらしい。「離縁」は単なる俗謡かもしれないが、頭韻、脚韻、類韻、リフレインなどガザルの修辞を見事に受け継いでいる。

まことペルシアは詩歌の国である。

Ⅲ 命をつなぐ旅 西へ東へ

青銅器　角
（紀元前 14 世紀～前 11 世紀，
河南省安陽市郭家荘出土）

1　恋の始まり

恋を詠う

トルバドゥールの面影を求めてプロヴァンスを歩いた。トルバドゥールとは、一一世紀に古プロヴァンス語(古オック語)で騎士道精神にあふれる詩作に関わった人々である。弦楽器を背に街から街へとさすらう中世吟遊詩人の原形になったとも言われるが、トルバドゥール自身は騎士や貴族階級に属する人々であった。かれらは騎士道や信仰心もテーマにしたが、しばしば「純粋の恋《フィン・アモール》」を詠った。「最初の《プリメール》トルバドゥール」と呼ばれるギエム・デ・ペイチェ(一〇七一〜一一二七)はこう詠う。

ふたたび甘き時が来たり
森も茂れば　小鳥も歌う
それぞれの言葉で　新しい調べに乗って
それこそ人が心から望むことを

気になる辺りから便りも知らせもなくば
眠りもできず　心も楽しまぬ
前にも進めず　知りたいばかり
あの方が果たして我の慕うままか

「心から望むこと」とは純粋の恋のことだが、それは道義や法律の束縛を越えた色恋を指した。高貴の人妻を対象とし、現実には不義密通となるものであった。とうぜん、多くは成就せぬ片思いで、そこには不安と苛立ちがある。しかし、それは決して純粋に精神的な愛というわけではなく、「肉欲(lo joi)」も伴い、世俗的な苦痛の種となるものであった。

トルバドゥールという語はアラビア語タッリバ「歌う」に由来するという説が興味深く思える。たしかに中世ではイスラム圏こそが文明の中心地で、じつに多くの文物がスペインの地中海岸を通ってヨーロッパにもたらされた。たとえば、イギリスのフォークダンスであるモリスダンスもイスラム圏から伝わったと言われる。名前の「モリス(Morris)」は「ムーア人の(Moorish)」に由来する。袖口に布切れをつけて踊るところや、昔は必ずいっしょに登場した「春駒《ホビー・ホース》」は何かと東洋的である。春駒とは、腰の前後に馬の首と尻をつけて、あたかも騎乗者のような扮装をする踊り手のことである。日本の春駒も民俗芸能としてわずかに残っているが、もとは門付け芸で起源がわからない。ただ、異国風であるのには変わりがない。

語源もさることながら、トルバドゥールの歌はイスラム神秘主義《スーフィズム》の詩に通じるところがある。果たせぬ恋の焦燥やそれが成ったときの歓喜は、神と合一する渇望や神を体感した陶酔に似ている。じじつ神秘主義の詩では、精神の葛藤や昂揚が世俗的な感慨、ときには肉欲を隠喩にして表現される。『コーラン』をすべて暗唱できるほどの記憶力を誇り、ハーフェズすなわち「記憶の人」という渾名《あだな》が通名になったペルシアの詩人は、抒情詩《ガザル》でこのように詠う。

ふたたび苑《その》に若気の時の輝きがもどれば
麗しく鳴く夜鶯《ボルボル》に届くのは薔薇の知らせ
微風よ、若草の野へ帰れば、伝えてくれ
糸杉にも薔薇にもバジルにもよろしくと

神を求める者の声は美しく、恍惚の吐息は爽風に似ていると詩人は詠っているのである。

恋を踊る

陽気な初夏の南フランスでは、中世の憂鬱や苦悩、あるいはイスラム文化の痕跡に気づくことはなかった。トゥールーズの旧市街で見かけた扉の敲き金《ノッカー》が手の形であるのは、戸口や門に「ファティーマの手」(Ⅱ-1-1)などと呼ばれる手型の魔除けをつけるイスラム圏の習慣に似ていると思ったことぐらいだった。それで、カタローニャへと足を伸ばした。

バルセロナのラムブラ通りは、「散歩」を意味する英語のラムブル(ramble)に由来するのではな

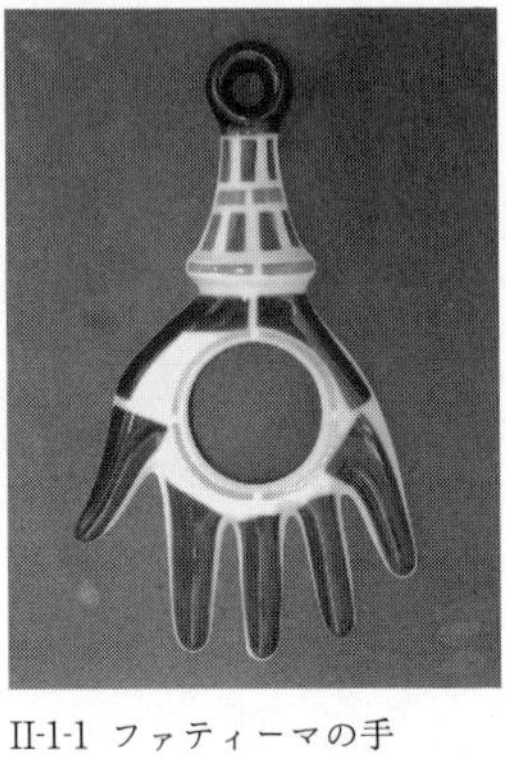
II-1-1　ファティーマの手

いかと錯覚するほどに人々の往来が絶えない。さまざまな店をひやかし、大道芸を覗いているあいだに時が過ぎていく。気がつくと、店も灯を落とし、いつの間にか芸人たちも去り、喧噪《けんそう》も消えていた。そんな静寂の街角の細い脇道から歌声と手拍子が流れてきた。

ヨーロッパの古い街は、両側に立ち並ぶ建物があたかも伝声管のように遠くまで音を運ぶ。ヴェネティアの細い運河では、カンツォーネの歌声が後方のゴンドラから追いかけてきたし、ツィゴイネルの奏でるバイオリンの音に送られてブダペストの石畳を急いだ深夜もそうだった。

今も密やかな音楽に誘われて細く曲がった裏道を進むと、路地の先に小さな広場があった。一人の男の手拍子と深い歌《カンテ・ホンド》に乗って、女が踊っていた。ビルの壁際の石畳に敷いた一畳ほどのベニヤ板が舞台である。ランプの弱々しい灯りでも、踊り子の顔には年齢が見えた。眉間に寄せる皺は年波のせいか、後ろに引っ張って束ねた黒髪のきつさのためか。それでも、口には一輪のカーネーションをくわえ、タップを踏む足には衰えが感じられない。一曲踊り終えて、踊り子が萎れかけた花を一方に投げると、わずかな観客の一人二人が小銭を放って散った。

フラメンコは、ズィリャーブ(Ziryāb)という字《あざな》で知られたイスラム教徒アブー・アル・ハサンがコルドバにもたらした文化の一つらしい。その字は、ザレアーブ(zare-āb)すなわち「金の水」という意味のペルシア語のアラビア語訛りで、民族としてはイラン人であったと言われるが(他説もある)、バグダッド辺りで身につけた音楽の素養をアンダルシアに広めたのである。とすれば、その担い手をヒターノ(Gitano)とかジプシー、すなわち「エジプト人」と俗称したのも、まったくの的外れとは言えないだろう。口にくわえた花を投ずるのは、オリエンタル・ダンスの踊り子がしばしば下顎を左右に動かして観客に媚びるのが起源かも知れない。

男が女に花や小物を与えるのは求婚とは限らず、単なる礼儀のこともあるが、女が男に与えるのはそうではないと思っていた。しかし、その場合にも儀礼化していることもあるのだと知った。

エデンの園の中央に生えている木の実をイヴがアダムに与えた話はどう解釈すべきなのか。ラテン語訳聖書の『ウルガタ聖書』では、「善と悪の智恵の木」の「悪の(mali)」が、母音の長短は異なるが「リンゴの(māli)」と同音であるため、「善の智恵とリンゴの木」と読み違えられ、しばしばリンゴと解釈されるが、イチジクであったかも知れない。いや、ブドウ、あるいはザクロ、あるいはマルメロであったかも。それが何であったにせよ、それを食べたがゆえに、死する運命になったか、悪知恵がついたか、はたまた喉仏が隆起したかどうかもわからない。しかし、世界の中央に生えている木のもとで男女が遭遇し、果物を貰った男が女を意識するようになったことだけは確かである。

女が投げる果物

求愛に女が男に果物を与える習慣は東方にもあったようである。『晋書』(六四八年頃)が潘岳《はんがく》という美男子のことを伝えている。

潘岳は容姿や振る舞いが優れているだけではなく、文章が巧みで、とくに追悼文が上手であった。若いころ、弾弓(?)を携えて洛陽の街に出ると、女たちが手をつないで取り囲み、果物を投げ込むので、潘岳の乗る車が果物でいっぱいになったと言われる。

女が男に果物を与えて求愛するのは、白川静によれば、太古にあった歌垣の遺風である。それを思い出させる詩が『詩経』「国風」にある。

投我以木瓜　木瓜を投げてください
報之以瓊琚　瓊琚《けいきょ》をお返ししますよ
匪報也　お礼ではありません
永以為好也　永く付き合いたいのです

投我以木桃　木桃を投げてください
報之以瓊瑶　瓊瑶《けいよう》をお返ししますよ
匪報也　お礼ではありません
永以為好也　永く付き合いたいのです

投我以木李　木李を投げてください
報之以瓊玖　瓊玖《けいきゅう》をお返ししますよ

匪報也　　お礼ではありません
永以為好也　　永く付き合いたいのです

瓊琚、瓊瑶、瓊玖はいずれも身に帯びる玉《ぎょく》で、それぞれに若干の相違があるようだが、そのことは重要ではない。木瓜などの果物を投げてくれ、その代わりに玉を与えるからと、男が求愛する歌である。投げるのが木瓜、木桃、木李であるのは面白い。いずれもユーラシア大陸を往来した果物である。

木瓜は現代中国語ではふつうパパイヤのことだが、ここではおそらくマルメロで、名称はペルシア語に由来するのだろう。マルメロは、パフラヴィー語の百科事典『原初の創造』の「植物の章」で「果実の中を食するもの」として「ベーヘ(bēh)」と呼ばれている。この語はより古くはベーク(*bēk)と発音されたはずである。木瓜の中国語音(mukua)より日本語ボケのほうが原語に近い。日本語のほうに原語の発音が残っている例はほかにも少なくない。たとえば、ザクロである。「石榴」は安石榴の短縮形で、安石は安息、パルティア語のアルシャク(Aršak)の漢字音写で、パルティアの開祖アルサケス一世のことである。要するに「安石榴」とは、アルシャクルーすなわち「パルティアの榴」という意味だが、「石榴」の中国語音シーレオ(šiliɣʊ)よりもザクロの方が原音に近いだろう。

「榴(古代中国語*lɪog)」は、おそらく丸い薄皮の木果を意味した古いペルシア語ルー(*lūg)の借用であろう。現代ペルシア語でモモはホルー(holū)、スモモはアールー(ālū)と言う。『原初の創造』には、シフタールー(siftālūg)とザルダールー(zardālūg)という果物が出てくる。シフタはパルティア語で「旨い」、ザルドは「黄色」の意味だから、いずれも「榴」の一種であろう。古典ギリシア語のロア(rhóa)すなわち「ザクロ」もペルシア語からの借用かも知れない。東アジアが原産だと思われるモモ(おそらくスモモも)はペルシアを通って、ヨーロッパに伝わった。それゆえ、ラテン語で「ペルシアの丸果(malum persicum)」などと呼ばれたが、その「ペルシアの」が訛って英語のピーチ、ロシア語のペルシクなどになった。

『詩経』「国風」の詩では、モモとスモモも「木桃」「木李」と「木」が付加されている。それは「木瓜」と韻律を揃えるためであったろうが、同時に、それらの果物が木に生《な》ったものであることを強調しているのではないか。どのような場所で、どのような時に投果が行われるか、この詩からでは知りようがないが、女が木から果実を取って、男に与える場面を連想するのは筆者のみではあるまい。

投果の意味

これらの果物とともに次のような言い伝えも伝播したのかも知れない。オウィディウス『変身物語』が、女狩人のアタランテの難題婚譚を伝えている。彼女には求婚者が殺到したが、彼女との競走に勝てば結婚できるが、敗れれば射殺されるという条件があった。しかし、俊足のアタランテにはだれも勝てず、多くの男が生命を落とした。そこで、ヒッポメネスという若者がアプロディテに智慧を借りて、黄金のリンゴ三個を携えて競走に挑んだ。そして、アタランテに抜かれそうになるとリンゴを投げて拾うのに手間取らせ、遂に競走に勝った。男の名前をメラニオンとする伝承もアポロドーロス『ギリシア神話』(三―九―二)などに見えるので、詩人の創作ではないだろう。

この話は、イザナギ・イザナミの逃竄譚《とうざんたん》を思い出させる。冥界を訪れたイザナギは、イザナミの変貌に驚き逃げ帰ろうとするが、イザナミが追いかけてくるので桃などを投げて逃げおおせたのである。ヒッポメネスは逃げるためにリンゴを投げたのではないが、競走の敗北という危機を脱するためであったという意味で、イザナギの逃走と同じモチーフである。これらはおそらく、異性に生り物を与えるという習俗と、何らかの「超自然力」を得るために物を後方に投げるという儀礼を説明するために挿入されたり創作されたりした説話ではないかと思う。

背後に物を投げて特別の効果を期待する信仰は昔から現在にも息づいている。オウィディウス『祭暦』(五)によれば、古代ローマの祖先祭レムリア(五月九日、一一日、一三日)の夜、家長が裸足で家中を回り、修祓《しゅうふつ》のために黒豆を背後に播《ま》く。これが日本の節分の行事に酷似することはフレーザーが『金枝篇』第二版で指摘した。今日、米国などの結婚式に残っている靴下留め《ガーター》投げの場合も、頭越しに後方へ投げる。その発展形である花束《ブーケ》投げも同様である。筆者の子供のころは、履物を後方に蹴り放って天気を占ったものである。

島崎藤村が『若菜集』で、リンゴの木の下で密会し乙女からリンゴを与えられた少年が抱いた恋心を詠ったのは、キリスト教の洗礼を受けたことのある詩人が『創世記』の伝承を翻案したのか、はたまた『詩経』「国風」の古代から伝わる東洋の美風を思い浮かべたのか。あるいは、単に自身の年端も行かぬころの淡い思い出であったのだろうか。

2　魚を食べる日

しばらくブダペストにいたことがある。

この町は、王宮のあるブダと始祖イシュトヴァン一世に因む大聖堂があるペストが、南北に流れるドナウ河を挟んでいる町である。旧市街なら徒歩でも回れるほどの大きさで、何となく居心地のよい町である。若い白鳥庫吉《くらきち》（一八六五〜一九四二）が、ベルリン留学に疲れてブダペストに転居したのも頷ける。ハンガリーが他のヨーロッパ諸国と異なって、日本語に似た文法の特徴をもつ言語を母語としているからかも知れない。『ペルシア放浪記』の著者で、当時エトヴェシュ・ロラーンド大学（ブダペスト大学）教授であった碩学ヴァーンベーリ・アールミン（一八三二〜一九一三）に白鳥が会っただろうかと、心当たりに尋ねたが、名前を記憶している者さえいなかった。

式日の食べ物

世界遺産のアンドラーシ通りは、国立歌劇場やリスト音楽院をはじめとするネオルネッサンス様式の建物がならび、地下にはロンドンに次いで古い地下鉄一号線が通っている。そこをまるで遊園地の玩具のように小ぶりながらも瀟洒な電車が走っている。まだハンガリーがEUに入る前で、観光客もまばらだったし、外壁を「労働英雄」のレリーフが飾る建物も残っていた。その通りを世界最初の公園ヴァーロシュリゲット(市民公園)までよく歩いた。公園には動物園、植物園、美術館など近代ヨーロッパ文明を象徴する施設が揃っていたが、私の目的地は、公園内のヴァイダフニャ城だった。この城は、一九世紀の末に建国一千年を祝って過去の建築様式の集大成として建てられたものであるが、その中に世界でも珍しい農業博物館があった。農業と言いながら、昔の川漁の展示もあった。黒海の河口部を除いて、現在ではドナウ河の漁業はほとんど残っていない。しかし、一〇〇年ほど前には、五メートルを超える鯰《なまず》や蝶鮫《ちょうざめ》がいたというのだ。それらの捕獲に使われた道具や当時の写真が展示されていた。

内陸国の漁業に関心を持ったのには理由がある。今ではかなり廃《すた》れてしまったが、ヨーロッパ人、特にキリスト教徒が、決まって魚を食べる日があったからである。それはキリストが生まれたとされる聖誕祭《クリスマス》をはじめとする式日である。

聖誕祭は、もともと冬至の祭りであったようである。ローマ時代の太陽神ミトラを主神とするミトラス教の影響だと言われるが、もっと以前の太陽信仰の名残であろう。このように、ヨーロッパの文化にはさまざまなキリスト教以前からの遺産がある。さらに、それぞれの国あるいは文化が独自に暦を変更したために、ほんらい同じ祭日であったものが名称や日程を異にする。江戸時代の太陰太陽暦がグレゴリオ暦に替わり、もとは同一であった節分と正月の行事が複雑に異同することになったように、ある国では聖誕祭に行われる行事が、別の国では聖ニコラス祭(一二月六日ないし一九日)やイエスのもとに東方から三博士が来訪したとされる公現祭(一月六日)に行われる。

また、聖誕祭の前に約四〇日の物忌みの期間(今日では概ね四週間で、西方教会では待降節 Advent などと呼ぶ)があった。同じような斎戒がイエスが蘇《よみがえ》ったとされる復活祭の前にもあり、西方教会では四旬節(Lent)、東方教会では大斎(Megálē Tessarakostē)と呼ばれる。この物忌みの期間の前にあるのが謝肉祭《カーニバル》で、復活祭の英名イースターがゲルマン神話の春の女神エーオストレ(古英語方言 Ēostre)に由来すると言われるように、もともとは迎春の祭典とその前の物忌みであったようである。

冬至が太陽の復活なら、復活祭は植物の生命力の再生であった。もともと「夜番」を意味したラテン語ウィギリアを借用して、ポーランド語では聖誕祭をヴィギリアと呼び、スペイン語では聖金曜日(イエスの受難した日)をヴィヒリアと呼ぶのは、太古には一日が日没に始まると考えられていた(ゆえに、今日多くの祝祭日に前夜祭がある)ことを意味するとともに、これらの時期には、宗派や国によって精確な日付は異なるが、類似した行事が行われることを示している。

ノルウエーなどの北欧では、聖誕祭にリュートフィスク(lutefisk「灰汁《あく》魚」)を食べる。ゼラチン質の食感の魚で、くさやのように独特の匂いがある。これは鱈《たら》(精確には Gadus morhua)の切り身を塩干しにして何年もねかし、水と灰汁で戻したものである。原形を崩さぬように加熱するだけで、好みに応じて調味料をつけて賞味する。

ロシア、ウクライナ、ポーランド、ドイツといった内陸の国では、鯉を食べる。今日では揚げ物にすることが多いが、煮凝《にこご》り状のソースをかけたり、代用に鰊《にしん》の酢漬けを食べるから、もとは北欧のリュートフィスクのような食べ方であったのかも知れない。東欧では必ず火炎菜《ビート》(Beta vulgaris テンサイとは別物)の汁ボルシチとともに出る。

鱈の塩干しは、イタリアなどでもバカラ(baccalà)などと呼ばれてクリスマスに欠かせない。北洋の魚である鱈の塩干しは、コロンブスの新大陸発見以降、バスク人が北大西洋の漁業に従事して、南欧にも広まったと言われるが、ノルマン人がシチリア王国を建国した一一世紀ごろに伝わったのかも知れない。

スペインなどでは、聖金曜日にポターヘ・デ・ヴィヒリア(potaje de vigilia「夜番のシチュー」)を摂るのが伝統であった。このシチューは、塩干しの鱈とヒヨコ豆とホウレン草を具とし、しばしばサフランなどで橙《だいだい》色に色づけされたものである。

イランの正月、エジプトの祭日

聖誕祭や復活祭は、キリスト教よりも遥かに古い文化に由来するらしいから、その物忌みの期間もキリスト教独自ではない。たとえば、イランでは正月の前の四〇日はチェッレ(čelle「四旬」)と呼ぶ物忌みの期間である。イランの正月はイスラム教とも無縁で春分の日であり、キリスト教以外でも同様に物忌みが明けると魚を食べるのである。

イランでは正月にマーヒー・セフィード(māhī sefīd「白魚」)を食べる。伝統的にはカスピコイモドキ(仮称 Rutilus kutum)という淡水魚を塩干しあるいは燻製《くんせい》にしたもので、鬱金《うこん》かサフランで色をつけた青菜飯《サブゼポロウ》と一緒に盛り合わされる。

エジプトには、シャンム・エンネスィーム(Shamm al-Nessim「風の匂う日」)という祭日があるが、この日にはフィスィーハ(fisikh「崩れ」)と呼ばれる鯔《ぼら》(Mugil cephalus)の塩漬けを食べる。欧州などに移住した人々は鱈を代用しているようである。エジプトの南部すなわち内陸部では、トラウオ(仮称 Hydrocynus froskalii)やナイルコイモドキ(仮称 Leptocypris niloticus)などの淡水魚の塩漬けをモルーハ(mulūha「塩漬け」)と呼んで食べる。いずれも発酵して強烈な臭気がある。

シャンム・エンネスィームはコプト正教会暦による復活祭の次の月曜日と決められているので、三月末から六月初めまでのいずれかの日になるが、キリスト教徒に限らず全エジプト人が祝う日である。というのも、この祭日は古代エジプトに遡るからである。文明や政体は変わっても、自然は変わらないので、エジプトの農民は今も古代のまま、洪水/冬・生育/夏・収穫という一年三季の伝統を守っているのである。その祭日の朝にはタマネギを切って香りを嗅ぎ、一家揃って郊外に出て、空気を吸いこむ。そうすれば一年の息災を得ると言われる。しかし、名前の「シャンム」を「匂う」と解釈するのはアラビア語の通俗語源説で、古代エジプト語シェムー(šmw)=「夏・収穫」に由来するのであろう。古代エジプトではシェムーは三月中旬から七月中旬を指した。シェムーの後には、犬星《シリウス》が昇り、ナイル河が氾濫して新年となったのである。

季節の替わる時に

正月のような年や季節の替わり目は、平素と異なって秩序が崩壊し混沌となる。普通は禁じられたものが許されたりする。だから、子供が酒を飲み、化粧をするのである。今と昔の区別や異界との境界が曖昧となる。過去や彼岸から来訪者があると信じられ、聖なる者や偉人が生まれるとされる。

ポーランドなど東欧には、聖誕祭の食卓に誰も座らない席を用意する伝統がある。旅人の席だとか、イエスを訪ねる三博士のためだとか説明されるが、果たしてどうだろうか。

イタリアの南部、長靴の踵《かかと》に当たる部分にあるグレチア・サレンティーノという村では、一九二〇年代、クリスマスイブの夕食後に教会に出かける際に、食卓に料理や食器をそのままにしておく習慣があった。それは「死んだ者の魂のためである」と言われていた。この村の住民は紀元前に植民したギリシア人の末裔で、現代ギリシア語と異なる古風なギリシア語を今も使っているから、他の地域では失われた古い文化を伝承していたのだろう。村の友人に聞くと、今日ではそのような習慣は廃れてしまったそうだが、昔は広くありふれたものだったかも知れない。

過去からの訪問者があるような時には、平素は食べない昔の食物を昔風に摂るのが、洋の東西を選ばないしきたりである。たとえば木の実や茸、そして野草を食べる。わが国の七草粥はその典型である。東欧のボルシチ(ウクライナ語 borshch)の原義はハナウド(Heracleum)のことで、もとはそれを材料とした汁であったと言われる。また、米や麦より前から栽培していたらしい豆を食べる。このような折にヨーロッパでよく使われるヒヨコ豆は、新石器時代から知られていた。エジプト人らは橙色のハウチワ豆(Lupinus luteus「黄色狼〈草〉」の種子)を食べる。私たちが式日などに食べる小豆もそのような食べ物ではないかと思う。ただし、もとは豆と赤く染まった食物ないし汁だったのだろう。そして、大昔には随時に食料が調達できなかったろうから、食材は保存食品であった。

II-2-1 古墳時代の魚佩(復元)

そのようなものの代表が魚の干物や塩漬けであったのではあるまいか。

古代人が腰に魚の干物を吊していたことを窺わせる伝承がある。マケドニアのアレクサンドロス大王については、ギリシア語以外にシリア語、エチオピア語、アラビア語、ペルシア語など諸言語による話が伝わる。主人公は、アレクサンドロスの語頭のalが定冠詞と誤解されて省かれ、子音結合ksが音位転換して、イスカンダルないしセカンダル、あるいは角が生えていたとの伝承によって「双角者《ツール・ガルナイン》」という名で登場する。そのエチオピア語版などでは、飲むと永遠の生命が得られるという「命の水」を探し求めるエピソードがある。

大王はヒヅル(Khiḍr)という名の者を道案内にして暗闇の世界を探索の旅に出るが、途中ではぐれてしまう。一人になったヒヅルは、池の辺で食事を取ろうとして、腰に吊った魚の干物を池に落としてしまった。するとたちまち干物の魚は生き返って泳ぎだした。ヒヅルは魚を池の中に追いかけるうち、自然と水を飲んでしまった。こうしてヒヅルは永遠の生命を得たが、大王は空しく帰途についたのだった。ヒヅルは『コーラン』では賢者として登場するが、イスラム教世界の俗信では船乗りを守護し、沙漠で道に迷った者を助けてくれる聖人となった。

ヨーロッパには古くから魚の形象のペンダントやお守りがある。ギリシア語の句「イエス・キリスト、神の子、救世主(Iēsous Khristós, Theoû Yiós, Sōtḗr)」の頭文字をつなげれば、「魚(ikhtýs)」

になるからだと言われるが、この句の方が魚の聖性を説明するために考案されたように思える。古代の東アジアでは、玉や金属で魚を象《かたど》った魚佩《ぎょはい》という装身具を腰から吊した(Ⅱ-2-1)。これらの起源は干物の魚を腰に吊すことにあったのではなかろうか。

古都の漁師汁

ハンガリーの名物料理の一つであるハラースレー(halászlé「漁師汁」)も、昔は聖誕祭ないし聖金曜日の食べ物であった。パプリカ風味の淡水魚のスープだが、川筋に応じ、村ごとに漁師たちが秘伝を誇っていた。中でもセゲドは中心地で、毎年ハラースレー品評会まで開かれている。当地の汁は鯉、鯰、鱒《ます》、蝶鮫(あるいはアカヒレカワメバル Perca fluviatilis)の四種類を揃えるのが正統だそうだ。いかにも川の幸を象徴し、祝祭の食べ物に相応《ふさわ》しい。それで、セゲドへ向かうことにした。

セゲドはセルビアとルーマニアの国境に近いティサ河岸の古都である。ティサはウクライナ領のカルパティア山脈から流れ出て、ハンガリー東部のハンガリー大平原を南北に貫流し、セルビア内でドナウに合流する大河である。セゲド出身でハンガリー大平原を愛した孤独の詩人ユハース・ジュラ(一八八三〜一九三七)の詩「形見」に誘われたのかも知れない。彼は日本の短歌や俳句にも親しんだという。

　どんな髪だったか、覚えてもいない

しかし、夏が来て、麦が豊かに実り
平原が果てしなく色づくとき
その髪が黄金色に波打っている

どんな眼だったか、思いもだせない
しかし、秋空が晴れ上がる
九月の物憂げな別れのころ
彼女の青い瞳が蘇ってくる

どんな声だったか、忘れてしまった
しかし、春の野が優しく息吹くとき
アンナの絹の声が聞こえてくる
だが、それは空ほどにも遠いあの春のこと

ティサ河沿いのレストランでハラースレーを食べた。橙色のスープの具は確かに魚でそれなりに美味であったが、川筋による味の相違も、果たして四種類が入っていたかどうかも分からなかった。

食後に街を散策した。セゲドは古代ローマ時代から塩の通商で栄え、フン族の王アッティラが都としたと伝えられる都市だが、一八九七年の大水でほぼ完全に流されてしまった。災害直後から外国の支援が始まり、各国が国威を競って、最後の建物が竣工したのは一九三〇年代だったそうである。それでさまざまな国の建築様式が混在することになったけれども、今ではどこにも寄せ集めの違和感はない。大洪水の片鱗も感じられない現在の美しい街並みを見て、災害からの見事な復興と国々の素晴らしい協力に心打たれた旅人も多かったにちがいない。しかし同時に、国ごとの文化の個性などは時とともに容易に消え去ることにも気づくのである。

3 象の島へ

一九七八年の一二月、毎日のようにカイロのスークに通っていた。ムッソリーニから逃れて来たというイタリア人の老婆が経営するペンションでの朝食もそこそこに、下町へ出かけた。市場の直ぐ隣のアズハル・モスクの周辺で古本の露天商を覗くのが楽しみであった。

地面に並べられた本のなかには、ヨーロッパからの旅人が手放したと思われるものもあった。店主はアルファベットが読めず、本の造りと客の顔色を見比べて売値を言う。だから、文字ばかりの本は安く、絵や写真が入っていると高い。こちらも心得たもので、目星をつけた本は、ほかの当て馬のあとで、さもついでのような顔つきで値を尋ねる。店主は訛りの酷い英語を片言しか話さないし、こちらのアラビア語は発音がまずくてほとんど通じないから、値切るには筆談しなければならない。この駆け引きが面白くて、にわかには必要のない本も買った。

賢人アヒカル

土産物屋を冷やかすのも飽きたので、ナイル河の船旅に出ることにした。河畔の遺跡を訪れ、一〇〇〇キロほど上流のアスワンにあるエレファンティネ、すなわち「象の島」に行こうと思った。

　この島は説話に関心のある者なら、一度は行きたいところである。そこはエジプトとヌビアの国境であり、古代ペルシア帝国の南限でもあった。その名前は島影に由来するとも言われるが、おそらく、はるか昔に象牙の取引所があったことに基づくのだろう。原始の境界では、異民族がお互いに顔も合わすことなく物々交換したらしいが、そこでも文明の産物を置いておくと、人知れず南の森の住民がやってきて、代わりに象牙を置いていったのかも知れない。いずれにせよ、紀元前五世紀には砦があり、ユダヤ人の兵士が守備についていた。

　その古跡から盗掘されたパピルスが、一九世紀末に闇市を通じてヨーロッパ諸国に広まった。文書の多くは帝国の共通語であったアラム語で書かれており、納税、訴訟、商取引、私信など実務的なものだったが、寓話あるいは処世文学である『アヒカル物語』も含まれていた。この物語は、後にアルメニア語、古代トルコ語、ギリシア語、ロシア語などにも翻訳され流布した。古代世界で実際に翻訳が跡づけられる数少ない説話である。

　アヒカルはユダヤ人ながらもアッシリア王に仕える賢人であった。宗派によっては正典とは認められない『旧約聖書』続編(外典)「トビト記」に主人公トビトの伯父として登場するから、実在したかも知れない。アヒカルは忠臣であったが、自分の養子である甥の讒言《ざんげん》により誅殺されることになった。ところが、処刑を命じられた高官がアヒカルの人物を惜しんで身代わりを立て、アヒカルを自宅に匿《かくま》った。数年後に、異国からの難題に窮していると、アヒカルが登場して、帝国の危機を救ったのだった。王は自分の愚昧を反省し、前にも増してアヒカルを重用することとなった。最後に賢者アヒカルの言葉とされる警句が並んでいる。たとえば、「ライオンを怖れて、運ぶべき荷を捨てるロバは、仲間から足蹴にされ、ラクダの荷も背負わされることになる」。

広大な帝国の僻境を守るユダヤ兵がこの物語を愛読したのは偶然ではなかろう。才能ある誠臣が謂われなき罪に問われ、のちに冤罪《えんざい》を晴らして名誉を回復する顛末に共感するところがあったからに違いない。地の果てのさらに彼方とも呼ぶべき距離を知るには、曳舟《ひきぶね》や帆かけ舟による古代の旅はかなわぬとも、時間をかけた船旅しかないと思った。

嘲弄の仕草か、避邪の護符か

ナイルの舟行にはもう一つ目的があった。同年に公開されたジョン・ギラーミン監督の映画『ナイル殺人事件』で見た一場面を確かめることである。そのシーンとは、外国からの観光客であふれるボートに向かって現地の子供たちが衣の裾をめくりあげ、裸の尻を見せて揶揄する場面である。このような風習が現代のエジプトに残っているか知りたかったのである。

ヘロドトス『歴史』(二-六〇)によれば、ナイル河下流の町バスティスで行われる古代エジプト最大の祭りに参集する人々は、大きな艀《はしけ》をしつらえて、その上で歌舞音曲の大騒ぎをしながらナイル河を進む。町を通るときには、艀を岸に近づけて、大声でその町の女たちに呼びかけ、冷やかし、踊り狂うが、岸の女たちは衣の裾をたくし上げたという。

嘲弄するために尻や局部を見せる仕草は、古代から現代まで、世界各地に見られる習俗である。『日本書紀』欽明天皇二三年七月の項によると、調吉士《つきのきし》伊企儺《いきな》という猛将は、敵の新羅に処刑されるとき、下穿きを脱がされ尻を日本に向けて味方を侮辱するように強いられたが、逆に「新羅王よ、この尻を食らえ」と叫び続けて死んだ。

また、ケン・ローチ監督の映画『レイニング・ストーンズ』は、初めて聖餐式に出る娘のために過分の服を買ってやろうと奮闘する失職中の中年男の悲喜劇を描いてカンヌ国際映画祭の審査員賞に輝いた名画だが、ある夜、金策に疲れ果てて帰路を急ぐ主人公は巡視ヘリコプターに探照灯を当てられ、思わずズボンを下げ、裸の尻を向けて上空を罵倒するのだった。

II-3-2 埴輪　局部を見せる女

II-3-1 レリーフ　シーラ・ナ・ギグ（ヘレフォード・キルペク教会壁面）

そもそも、この種の秘所は避邪の護符であったと言われる。その典型は、ことさらに局部を展覧する「シーラ・ナ・ギグ」と呼ばれる人物像（II-3-1）で、イギリスやアイルランドの中世の城砦や教会の壁を飾っている。日本でも二〇〇二年に宮崎県の百足塚《むかでづか》古墳から、衣をめくって陰部を見せる女人埴輪（II-3-2）が発掘されて話題となった。

プルタルコス『倫理』「女の勇気」には、海神に局所を見せて対抗した女たちが出てくる。英雄ベレロポンテスは、人々を苦しめる海賊や蛮族を成敗したのに不当な扱いを受けた。それで海神ポセイドンの助力を得て復讐の大波を起こしたが、女たちが衣をたくしあげて波に向かうとたちまち静かになったという。

また、『沙石集』第一〇巻に同じような呪いが見える。夫の変心を案じた和泉式部が貴船神社の巫女《みこ》に祈禱を頼むと、老巫はいろいろな呪いのあと、衣をたくしあげて鼓を打ちながら三回まわり、式部にも真似るように命じた。式部はあまりにもはしたないので、顔を赤らめて何もせず逃げ帰った。ちなみに、この成り行きを盗視した夫はわが妻を見直したというから、効果があったのである。

フランソワ・ラブレー『パンタグリュエル物語』第二之書第一五章では、パンタグリュエルの家来パニュルジュが、財政難のおりからパリ市の貧弱な城壁を陰門で改築してはどうかと勧めた。苦心の渡辺一夫訳(岩波文庫)では次のとおりである。

当地の得手吉箱《えてきちばこ》は石材よりはるかに廉価と存じまする。これを使用いたして城壁を畳みあげるべきなので……

かような城壁を打ち破る鬼神は居りましょうかな？　いかなる金属といえども、これほど打撃に耐えるものはございますまい。

この発想はラブレーの奔放な虚構ではなかったかも知れない。フランス革命のおり、元娼婦の戦士テロワーニュ・ド・メリクールスが率いる「尻軽女隊」は裸の尻を陳列してオーストリア皇帝軍を撃退したと、一七九二年二月一九日付新聞『宮廷と市井』が絵入りで報じている。

同じような戦法は中国では「陰門陣」と呼ばれ、中世から近代まであったようである。魯迅は『阿長と「山海経《せんがいきょう》」』(竹内好訳『魯迅文集　2』ちくま文庫)で、次のような乳母の言葉を伝えている。

城外から兵隊が攻めよせてきたら、長毛(太平天国軍―引用者注)は私たちにパンツを脱がせて、城壁の上に並ばせるんです。そうすると大砲が打てないんです。打とうものなら大砲が破裂しますからね。

これらの所作は呪術というよりも、かなわぬ敵にたいする捨て鉢な心情の発露のようにも思える。

ナイル遡行の旅で

カイロの下町には、エジプト観光の仲介業者がいくつもある。ペンションの近くの一つに行くと、ちょうどサダト大統領が和平条約の調印にイスラエルを訪問したところだった。店主も使用人も大統領一行が飛行機で到着するテレビ中継に見入っていて、客のことなど眼にも入らない。いよいよ大統領専用機の扉が開いて、大統領がタラップの頂に登場すると、皆は歓声をあげて拍手をした。エジプト人はおおむね陽気で人懐っこいが、この時はまさに鼻唄まじりで船を手配してくれた。

観光船が船尾に水車のような推進器を備えた外輪船であるのは、雰囲気のためだけではない。乾季のナイル河は水量が少なく、喫水が浅い船でなければ航行できない。暗車を備えた船底の深い船では座礁の危険性が高いのである。

昼間は舳先に見張りが立ち、川のところどころにある浅瀬を避けて船が進む。遺跡があれば最寄りの波止場に船を寄せて、近いと徒歩で、遠いと無蓋馬車を仕立てて観光に向かう。群がってくる物売りは船員たちが追い払い、押し分けて道を作ってくれる。カイロのエジプト考古学博物館で見たファラオのミイラにそっくりのヌビア人案内が同行したが、容貌に反して簡単な手引きほどの知識しかなく、「ホルスの目」などと呼ばれる目の図象があると「魔法の象徴だ」と言うだけである。しかも「ホルスの目」は至る所にあるのだ。そして、船客のオーストリア人老夫婦が某市長夫妻だと知ると、本業を忘れてヨーロッパでの働き口について熱心に尋ねるのだった。

陽が落ちて水面が暗くなり、浅瀬も淀みも見分けがつかなくなれば、船は岸辺に停泊する。船客はそれなりに服装を改めて主甲板に集い、船員たちの演じる素人離れした余興を肴《さかな》に夕食を楽しむ。その後は、乗組員たちが河岸に出した机の上でカンテラの灯りをたよりに束の間の余暇をドミノに興じるのを見物するばかりである。

冬でもかなりの陽気で、南に進むにつれて暑さが増してくる。遺跡も家並みもなければ、下流ではよく見かけた水汲み水車を曳く牛影も消え、川面と砂丘と青空だけの景色だった。上甲板に寝そべって本を読む日が続いて、アスワンに着いたときには年が替わっていた。

エレファンティネの荒塞は砂に埋もれて、訪れる者もなかった。船旅の途中では、尻を見せる子供を見かけることはなかったが、アスワンの街でコプト教徒の少年に出会った。手首の内側に刺青した十字架でそうだと知った。日本人だとわかると自宅に遊びに来いと誘う。庶民の家など見たことがなかったので、招待を受けることにした。部屋には家具もなく、原色の敷布で覆った寝台を椅子代わりにした。お茶とオレンジで接待してくれて、木の実の首輪をくれると言う。太古の交易の名残をとどめる地に相応しい「互酬(相互贈与)」の習慣かと思い、ボールペンを差し出した。壁にかかったナセル前大統領の肖像に目をやると、自分の家族はナセル主義者ではないと複雑な顔をした。

アガサ・クリスティーの原作『ナイルに死す』(一九三七年)では、船はアスワンを越えてヌビアへと上ったが、今はナセル大統領が造ったアスワンハイダムに阻まれて、船を乗り換えなければならない。上流には保存のために移築し再建した遺跡があるが、古代のままではない。そんなものには興味がないし、金も時間も尽きたので帰ることにした。

その年の暮れにイランで革命が起こり、二年後にはサダト大統領が自分の護衛兵に暗殺された。そして、カイロからアスワンまでの船旅は不可能となった。

書斎の片隅には、カイロの露天商から買い、アスワンまで持参した碩学ウォリス・バッジの名著『ナイル河――エジプト旅行者のための覚書』がある。何人もの手を経た今も堅牢さを失わないインディア紙にゴム引きクロス装の本を見ていると、ナイル遡行のころに出会った人々はどうしただろうかと思う。とりわけ、勝利ではなく平和の到来に歓呼していたエジプト人たちの顔が浮かんで来るのである。名前も尋ねなかったが。

4　扶南幻想

「未開」という言葉は今も存在するが、もはや未開の国はない。あるのは、経済的に遅れたとされる貧しい国だけである。飛行機を巨大な鳥だと矢を射たり、侏儒《しゅじゅ》が中に入っているはずだとラジオを分解したりするような者は作り話の中にも登場しない。だから、代用材で作った市販品や模造品をあたかも伝統的な民芸品のように展示する「博物館」があっても許されるのかもしれない。しかし、できれば、その地の人々が昔から培ってきた技や嗜好の真の結晶に触れたい。そういう思いもあって市場の雑踏を歩くのだが、年ごとに各地のバザールが扱う商品は個性を失ってゆく。

半ば諦めた気持ちでプノンペンの市場を巡った。そして、とあるマーケットで昔ながらの呪符を売っている店を見つけた。さまざまな材質や形のペンダントやブローチが並んでいる。日本円にすれば一〇円もしないような組紐もある。いかにも長年の使用に耐えてきたように見えるものもある。果たして骨董なのか、人工的に古びさせたものか判断できない。半貴石らしいものも棚の隅で埃をかぶっているが、ガラス製の模造品かも知れない。

裸足に草履《ぞうり》履き、黄褐色の袈裟《けさ》一枚の青年僧が大量生産品のお守りを熱心に吟味していた。いっ

近代まで牛や山羊を遊牧して生きていたアフリカのマサイ人やヌア人は、日常生活において自然死した家畜を食べることはあっても屠殺することはなく、もっぱら乳と血を飲んでいた。野菜も食べなかったから、生血は必須であったろう。太古の人々も同様ではなかったか。家畜の生体から供給される液体を豊穣の源泉とみなし、特別の効能を認めていたに違いない。角杯やリュトンを使って液体を摂ることは家畜の乳や血をすすることの代替であったろうし、その際に使われる角は、いつのまにか、活力すなわち生命の象徴になった。

非凡な力をもつ者

奇跡をなした者には角が生えることがあるようだ。マケドニアのアレクサンドロス大王は角を蓄えていたらしい。大王が『コーラン』などで「双角者《ヅール・ガルナイン》」と呼ばれることは先に「魚を食べる日」でも触れたが、後継者たちが発行した貨幣には、角を生やした大王の横顔が刻印されたものが少なくない。また、ヴァチカンのサンピエトロ大聖堂にあるミケランジェロ作のモーセ像も角を生やしている。一一世紀以降の写本や絵画や彫刻に、角を蓄えたり角型の頭巾を被ったモーセが夥《おびただ》しく登場する。これは、ヒエロニムスがラテン語に翻訳した『ウルガタ聖書』が、十戒を携えてふたたび下山したモーセの「顔の肌が光を放っている」と訳すべきヘブライ語を、「角が生えている」と誤訳したからだと言われる。しかし『ウルガタ聖書』が成立したのは四世紀であり、それがカトリック教会に公認されたのはトリエント公会議(一五四五～六三年)であるから、モーセ像に角が描かれていく時期と『ウルガタ聖書』が普及していく時代が一致するわけではない。

彼らに角が生えていたのが事実かどうかは措くとして、角の存在が非凡の能力を示すと信じられていたことは間違いない。それゆえ、戦士の兜には角が生えることになったのである。それは相手に対する威嚇だけではなく、不死身の願望でもあったのだろう。亡者を形象した鬼が角を蓄えるのも、死して後になお活きているからであろう。そう言えば、アレクサンドロス大王は異界へ旅したと伝えられ、モーセは神のもとに赴いて神の言葉を聞いたのである。そしてプノンペンの青年僧のように、角をお守りや装身具として身に帯びてその効力を期待することともなった。

先に述べたスキタイの始祖伝説では、蛇女の許《もと》を去るヘラクレスは弓とともに金杯のついた帯も形見に残した。この故事にちなんで、今もスキタイは帯に杯をつけているのだと言う。

この杯について、ヘロドトスはこれ以上なにも語らない。しかし、ヘラクレスは牛を駆って蛇女のもとへ来たのであるから、それは角杯あるいはリュトンであったのではあるまいか。スキタイの遺品には角杯あるいはリュトンを携えた人物のレリーフや線刻がいくつも見いだされる。

扶南建国説話

スキタイの始祖説話は、外来の英雄が水神の娘である竜女を娶《めと》り、それが産んだ子が王家の礎となり、王権の象徴として弓が引き継がれていくというモチーフだが、これは東方遥かメコンデルタを中心に一世紀から七世紀まで栄えた王国、扶南《ふなん》の建国神話の原形ではないかという。

扶南(カンボジアおよびベトナム南部)には、インド文化の影響が色濃い。それは、北インドから中央アジアまでを版図としたクシャーナ王朝にまで辿れると言われる。扶南の建国は紀元一世紀頃のできごとだとされ、碑文から民間説話までさまざまな伝承がある。そこにしばしば始祖として登場するのが、バラモンの英雄カウンディニャである。扶南が衰退したあとは、隣国のベトナム中部で栄えたチャム人の王国チャンパ(林邑)もカウンディニャの血統を主張した。

世界遺産である聖域ミーソン(美山)から発見された、チャンパ王ウィクラーンタワルマン一世のサンスクリット語碑文(六五三年)の王統譜には、次のような一節がある。バラモンの英雄カウンディニャがはるばる来訪して、叙事詩『マハーバーラタ』の英雄アスワッターマンから授かった槍を大地に立てた。その地には竜神の娘ソーマーが棲んでいたが、かれに恋したために神異の変身をとげ、人界に住まうことになった。ソーマーは天命を果たすためにカウンディニャの妻となったが、それは人智の及ばぬ未来にたいする天の配剤であった……。

神授の槍を征服地に立てる記述は、神功皇后が新羅を攻めた記紀の神話などにも見られるから説話の定式表現であろう。ちなみに、外来舞楽である林邑楽は、七三六年に来日し東大寺大仏開眼法要に列席したチャンパ人仏哲らが伝えたとも言われるから、チャンパがわが国と無縁の地であったわけではない。遣唐使平群広成《へぐりのひろなり》が漂着した崑崙《こんろん》国とはチャンパのことだとされる。また、中国の骨董市では昔から角形の玉器が商われてきた。意匠がスキタイや西域を連想させるので、しばしば唐代のものと言われたが、一九八三年に広東省の南越の王墓からリュトンに似た形の玉杯が発見された。いわゆる「シルクロード」のはるか以前、紀元前二世紀の遺品である。

このカウンディニャ(Kauṇḍinya)の漢語表記が混塡《こんてん》(中古音 *ɦuən-den)であると言われる(異説もある)。七世紀半ばに成立した『梁書』に、混塡の冒険が次のように述べられている。扶南国の人々は蓬髪《ほうはつ》全裸で刺青を入れているだけだったが、男のように屈強な柳葉という乙女を王と仰いでいた。いっぽう、南の徼国《きょう》(マレーシアかインドネシア?)の混塡という霊能者が夢のお告げに従って、天賜の弓を携え、交易船で航海に出た。そして扶南に近づいたころ、略奪されそうになったので、矢を射ると、矢は船を貫き、柳葉の侍者に中《あた》った。恐れ戦《おのの》いた柳葉は即座に降伏した。こうして、混塡は扶南の王となり、人々に貫頭衣をまとわせ、柳葉を娶った。二人のあいだに七人の子供が生まれ、国を分割して統治した。

柳葉(上古音 *liog-diap)は佳人の眉の比喩でいかにも創作的だから、たとえば竜汁(上古音 *luŋ-tiap)などの宛て字で、竜神の娘ソーマーのことだったかも知れない。『リグ・ヴェーダ』に登場するソーマ(sóma-)とは聖木の搾り汁で、人々はそれを飲んで神と合一したと言われる。

混塡が神弓から放った矢は船をも貫いたけれども柳葉を外した。それは女王が角の護符を身につけていたからではないか、と空想が広がる。

メコンデルタの眺め

扶南の支配者がどのような人々であったかについても最近ではさまざまな議論がある。もちろん扶南の遺跡だと断定できるものも見つかってはいない。柳葉の面影を求めても、その痕跡さえも見出せなかった。せめて混塡と柳葉の支配したメコンデルタを眺めたいと思い、現地の友人に尋ねると、プノンチソーを勧められた。

プノンチソーは、プノンペンから車で南へ二時間ほどのところにある高さ一〇〇メートルほどの丘である。その頂上に、一一世紀初頭にクメール王朝のスーリヤヴァルマン一世が建てたシヴァ神とヴィシュヌ神を祭るヒンドゥー寺院があった。現在は寺院は遺跡になり、構内は仏教寺院となっているが、そこからの眺望が素晴らしいと友人は言った。

丘の麓の入口には子供たちが待ち受けていた。年嵩《としかさ》の一人が案内してやろうと言う。いや、路は分かっているからと断っても、数人の「家来」を連れてついてくる。こちらは何百段かの階段に息を切らせているのに、足首までの腰巻きの裾捌《すそさば》きも見事に話しかけ、なにがしかの稼ぎにしようとする。遠くに学校らしき建物が見えて、その方から鐘の音が聞こえたから、学校へ行かなくてもいいのかととがめると、「二部授業で、自分の回は後だ」と言われた。「二部授業」とは懐かしい言葉を聞いた。戦後の日本にもそのような時代があった。戦火が収まったのはよいが、子供の数が急増して教育施設が足らなくなる。平和になっても子供の苦労は絶えないのだ。こちらの気持ちを察したのか、「英語を勉強したくとも教科書がない。ぜひ寄付してほしい」と言った。「顔をよく見ろ。アメリカ人に見えるか」。少年は黙り込んだ。

昔、夜の異国の街を一人で歩いていると、向こうから来た車が急に傍らに止まった。窓ガラスが音もなく下がって、何語か語りかけられた。まったく聞き取れなかったので問い直すと、「東洋人どうし、英語なんか使わなくてもいいんじゃないですか」と見事な日本語で応えられた。そのまま、窓ガラスは上がり、車は去っていった。外国人がまれな土地柄だったから、彼も同朋と間違ったのだろう。

そんな思い出が一瞬頭をよぎった。「日本人だ。日本語を勉強するのなら、寄付をする」。すると、少年は元気をとりもどして言った。「だって、日本語の先生なんかいない」。少年の利口さに免じて、皆に餡代を「寄付」した。

寺の構内にはいると、黄金の巨大な寝仏があった。米人夫妻何某が寄付したと掲示がある。施主だったのか、合力したのか定かではないが、かりに謝罪の意味があったにせよ、殊勝な米人だと思った。

ヒンドゥー寺院は長く風雨に曝されてきたのだろう、崩壊が進んでいた。ちかごろの爆撃にも遭ったと聞いた。それでも、本堂には供え物があり、灯明《とうみょう》を点した跡があった。アンコールワットよりも古い遺跡なのに残念だなと思いながら、遺跡を抜けると展望が開けた。

寺院から丘を下る路が真っ直ぐに伸び、霞の彼方に消えていた。あたり一面は碁盤の目のように林で区切られた水田地帯である。見渡す限り、「近代」を感じさせるものは何もない。おそらくこの一〇〇〇年間、まったく変わらなかった景色がここにある。扶南の人々も、クメール王朝の王たちも見た風景である。あの奇特な米人夫婦は、爆撃の贖罪《しょくざい》に喜捨したかと思ったが、間違いだと気づいた。彼らはこの眺望で、きっと開拓者が初めて大平原を見たときの感銘を追体験したのだ。

夕闇が迫る丘の麓には少年たちの姿はなかった。二部授業で彼らの回が来たのか、それとも私がもう用済みとなったのか、それはわからなかった。

5　タイの六芒星

川面や川岸に設《しつら》えた床で涼を楽しむのは京都の夏の風物詩だが、同じような仕掛けはバンコクのチャオプラヤー河畔にもある。こちらは季節を選ばない。夕方のスコールが終わるまで下りていた蔀戸《しとみど》が上がれば、風が吹き込んでくる。熱帯とはいえ、川面を渡る風は心地よい。折から米を運ぶ大きな木造船が沖を過ぎると、しばらくして波が溢れんばかりに押し寄せ、川幅の広さと水の豊かさに気づくのである。

風が強まったと思って見上げると、高い天井裏で畳一畳ほどもある団扇《うちわ》が紐に引かれてゆらゆらと動いているのであった。さきほどから、翌日からでかける調査の相談をタイ人の友人としていた。ボタンエビほどもある手長エビの蒸し物を追加しようと給仕を呼べば、痩身の美女が野太い声で返事をした。厚化粧の下に髭の剃り跡が見える。それで、男女専用以外に第三の化粧室もある国に来ていることを思い出した。

邪視を防ぐ

調査とは、竹細工の魔除けを探しに行くことだった。二〇一三年二月に亡くなった岩田慶治の『日本文化のふるさと』を読んで、タイでは魔除けに籤《ひご》で作った六芒星《ろくぼうせい》すなわち✡形の編み物を作り、稲田の畦《あぜ》に掲げて「ターレオ」(Ⅱ-5-1)と呼ぶことを知ったのは、まだ白面ならぬ面皰《にきび》の頃であった。編んだ目の中央を竹竿で貫抜くのが目を潰すことを意味し、悪霊《ピー》を退けるのだそうだ。岩田は関係はわからないと断りながら、「一眼隻脚のカミの姿に似ている」と述べている。「事八日《ことようか》」の目籠は魔性の眼力である「邪視」を防ぐためだという南方熊楠の解説(「小児と魔除」)と関係があるに違いないと思い、記憶に残っている。

関東地方では旧暦二月八日および一二月八日を「事八日」と呼び、目籠を軒先に掲げる風習があった。その日にやってくる一つ目の化け物を防ぐためだとされる。これらの化け物は一つ目小僧とか箕借《みか》り婆と呼ばれるが、痛がるからとヒイラギの葉が籠に刺されることもある。ちょうどオデュッセウスが単眼の巨人ポリュペモスの眼を潰したように、致命的なことだったかも知れない。熊楠は、目籠には目がたくさんあるから、あるいは目が五芒星すなわち一筆書きの星形になっていて目が回るからだと説明した。

数年して宮崎県の椎葉《しいば》に入ることがあった。この山村は、一九〇八年夏に柳田国男が探訪し、翌年、村長中瀬淳との事実上の共著である『後狩詞記《のちのかりのことばのき》』を自家出版したため、日本民俗学発祥の地ともされる。ここには狩猟文化のほかに、東南アジアの山岳地帯と同じような焼き畑農業など古い民俗文化がいくつも残っている。とりわけ一一月から一二月にかけて部落ごとに催される夜神楽は、日本で最も重要な民俗芸能の一つである。ある冬、恒例の神楽を堪能した徹夜明けに、バスを待つ時間を利用して椎葉民俗芸能博物館を見学した。そこにターレオに似た竹製の呪物が展示されていた。館長(当時)の永松敦氏によれば、鬼やらいと称して、辻に立てられるとのことであった(II-5-2)。

II-5-1 ターレオ

II-5-2 鬼やらい

そのまま年月は過ぎていったが、物事が思わぬ時に実現することがある。ターレオは、タイの南部ではチャレオと呼ばれ、今も稲作儀礼に使われると知った。そして、伝手《つて》が見つかり、バンコクの北西部のスパンブリー県にあるバーンヤイ村で、トンプロイ・イムプラサートという農婦がチャレオの儀礼を見せてくれることになったのだった。

路傍の砂塔

都会の近代的な国道の周辺はどこでも無国籍な風景だが、郊外の脇道に入ると昔ながらの田園である。広大な水田地帯が広がっているはずだが、遠くを見通せる高みもなく、畦道や水路に沿った並木に視界が遮られている。チャオプラヤー河は高低差が小さく、緩慢な流れで、雨季の川面は足下に及び、どこまでが川でどこからが岸か判然としない。乾季なら中州に生えていた木も今は枝まで水に浸かり、そこだけを見れば洪水である。大水が常態のためか、道は盛り土の上にいちだん高く設えられている。その両側には、高さ三〇センチメートルの土山がいくつも並んでいる。土地の人に尋ねると、蟻塚だという。年に何度も水に浸かるような土地で蟻も見当たらぬので、いつからあるのかと尋ねると、何年も前からとも何十年も前からともいう答えが返ってきて、いっこうに要領を得ない。現在では廃れた路傍の砂塔の残骸ではないかと思った。

タイの旧正月ソンクラーン(現在は四月一三〜一五日)は水かけ祭りとも呼ばれるように、行き会う人に水をかけあう行事である。ミャンマーやラオスでも同様の行事が行われ、わが国の灌仏会《かんぶつえ》にも通ずるしきたりである。おそらく、洗礼や初湯などとして残る出生儀礼で、再生を象徴していたのであろう。そのソンクラーンの折に砂の塔を築いて托鉢布施行をする習慣があった。一八世紀の文書や伝承に基づいてラーマ五世(在位一八六八〜一九一〇)が書いた『宮廷行事十二カ月』(一八八八年)にも見えるから、昔からの習俗である。

現在は僧院で砂塔を作る。僧院の方であらかじめ大量の砂をトラックで運び入れ、塔の装飾に使う造花や小旗、それに蠟燭《ろうそく》や線香を揃えている。人々は寺院に喜捨する形で、それらを買い求めて塔を作るのである。昔は、寺院に限らず、自宅の庭先や川岸でも塔を作ったが、自分自身で砂を運んだ。立派な砂塔を作るほど功徳が多いとされるから、大きさを競うだけではなく、砂を掘る器から果ては運搬用の天秤棒や服装までに大金を費やしたと言われる。

タイの柳田国男と言われるアヌマーン・ラーチャトン(一九六九没)によると、砂塔は公道の両側に築くのが本来のしきたりであった。公道と言っても、村の中を曲がりくねった細道で、幅も牛車一台がようやく通れるかどうかだったそうである。牛車どうしがすれ違うには、路肩からはみ出さねばならなかった。小石を敷き詰めた程度の土道だから、雨季には泥濘《ぬか》り、乾季には砂塵が舞うことになった。そうして、道端に砂の塔を作る習慣は消えていった。

砂塔の習わしはミャンマーにもある。町では砂塔とは名前だけで、もろもろの材料で臨時の仏塔が設けられる。田舎では雨季から乾季への変わり目に砂で築かれる。たびたび洪水に見舞われる土地柄だから、少しでも土地を嵩上げするために奨励されたのだとも言われるが、後世の合理化だろう。原則として川岸に築くと聞けば、賽《さい》の河原で子供の亡者が親の供養に塔を築くという俗信や、子供が戯れに沙《すな》または小石で供養塔を作っても悟りに至るという『法華経』「方便品《ほうべんぼん》」の喩えを連想するが、砂塔は仏教よりも古い風習に由来すると思われる。山から流れ来たり海へ流れ去る川は時間の隠喩となり、世界の根本とされたのであろう。

日本の神社に立砂《たてずな》あるいは盛砂《もりずな》という習慣がある。例えば、京都の加茂川辺の上賀茂神社の細殿《ほそどの》(玄関)前には、左右に大きな砂の円錐が築かれる。年に一度、上流の神山《こうやま》に神が降りるが、その山裾に設けられる現生所《みあれどころ》(神が降臨する場)の門口にも盛砂が作られる。昔は貴人を迎える儀礼として、玄関や門柱、さらに道筋にも立砂が作られた。地上の異界である聖域に通じる道の両脇に灯籠などを立てる習慣の原型はこの辺りにあるのではなかろうか。わが国の水商売の店が門口に塩の円錐を作り、「盛塩」と称するのも同様の習わしであろう。酒はもともと「神」の飲み物ゆえ、酒に惹かれて訪れる者はマレビトということになる。

稲の女神に祈る

砂塔が立ち並ぶ道を聖所へ向かう貴人の気持ちで窓外の景色を楽しんでいるうちに、バーンヤイ村に着いた。道から何メートルか下って、ある農家へと入った。前もって連絡が入っていたからか、痩せて日焼けした裸足の主人が待ち構えていて、前庭に案内した。そこは家族の団欒《だんらん》の場らしく、不揃いなテーブルが三つと椅子や床机《しょうぎ》が雑然と据えられていた。周囲の木立にはハンモックがいくつも吊されていて、現に中年の婦人がその中で休息していた。庭先に生えている枇杷《びわ》に似たマップラン(和名アカタネノキ)が一枝と、水を入れたプラスチックのコップがテーブルの上に用意されていた。勧められるままに、マップランの実を一つ口にしたが、熟れ足らぬのか、甘みがなかった。時候の挨拶に続いて暮らし向きはどうだと尋ねると、良いとの応え。身なりや佇まいは質素に見えたが、農家の片隅には真新しい四輪駆動車が止めてあり、樹間からもれる川面の反射光で輝いていた。「だが、息子たちがバンコクの大学に通っていて仕送りが大変だ」と、主人が煙草のヤニで汚れた歯を見せて笑った。

ほどなくハンモックに寛《くつろ》いでいた婦人がもそもそと起き上がって、チャレオを立てに行くと言ったので、それがトンプロイさんだとわかった。マップランや水を用意しておいてくれたのも彼女に違いない。黙ったまま草履ばきで水田に向かうトンプロイさんのあとを追った。

水田の畦近くに二メートルほどの雑木を立て、それにチャレオと小籠をくくりつける。小籠には供物の果物を入れる。そして稲の一房に衣を着せる。トンプロイさんが畦に座り込んで、稲の神さまが豊かな実りをくださるように祈りを捧げ、儀礼はあっけないほど簡単に終わった。稲の神は女神とのことである。通例は地祇《ちぎ》が女神で穀霊が男神であるが、ここでは性が逆転している。もともとは男であると思われる観世音菩薩が悲母観音などの女性となったように、伝承の過程で性が転換したのかも知れない。とは申せ、半日を費やして来たのには寂しすぎる収穫である。それで、チャレオを編むのを見たいと申し出たら、近所の農家を教えてくれた。

その家では、吹き抜けの大きな建物で、白髪の老人がシャツ一枚で昼寝をしていた。傍らの若者が鋭い眼光で睨みつけて、「お前は何者だ」と誰何した。「日本人だ」と応えると、「盗みに来たのだろう」と謎めいたことを言う。大声の遣り取りで目を覚ましたのか、老人が身を起こして「先週はアメリカ人が来た」と口を挟むので、「アメリカ人は何のために来たのか」と尋ねると、「わしが発明した薬を買いに来たが、売らなかった」と自慢した。それで大凡《おおよそ》の事情が呑み込めた。この老人は癌に効くと称する民間薬を作っていたのである。そして若者は北の方から流れてきた占い師で、見どころがあるので弟子にして修行させているのだそうだ。今までに七人が老人の薬の世話になったらしい。効果の程を尋ねると、「一人は助からなかった」と言う。効かなかった理由を質すと、「そいつは信心が足らなかった」と悲しそうな顔をした。彼の「特効薬」の話につきあっていては切りがないので、チャレオを作っている場所を尋ねると、鼻白んで傍らの家を指した。

家の中では、女二人が子供に手伝わせてチャレオを作っていた。「そんなにたくさん作って、どうするのか」と訝ると、意外にも「商売人に卸すのだ」と言う。人々が自分でチャレオを作っているものだとばかり思い込んでいたが、考えてみれば、わが国でも自ら正月の注連《しめ》飾りを作っている農家は何軒もないだろう。民間薬や魔除けを作っているのだから、「神様筋」の家柄であったのかも知れない。

帰路、雑貨屋を見かけたので立ち寄ってチャレオを買った。それを目ざとく見つけた運転手が「ワット・ターカーロンで同じものを売っている」と言いだし、こちらが不案内なのを察して、「便所の綺麗なお寺だ」と解説してくれた。

寄り道したワット・ターカーロンは寺院の百貨店であった。評判通り、色彩豊かなタイル張りの「綺麗な便所」があった。歴代国王をはじめ、ありとあらゆる像が境内を埋め尽くし、水上マーケットまであった。外国人観光客は皆無だが、善男善女で溢れていた。おそらく参拝して成就しない願い事はないだろう。境内のテントでは、若い僧侶が多種多様な「ありがたい物」を売っていた。その中に、運転手が言ったとおり、チャレオもあった。

結局、椎葉の鬼やらいや事八日の目籠とチャレオが関係があるのかどうかはわからなかった。しかし、同様のものはスマトラのトラジャ族も使っていると言われる。いっぽう、ベトナムの少数民族のあいだにも、チャレオ(現地語では「タイレオ」)を稲田に掲げる風習が、目的や意味は半ば忘れられながらも残っている。アヌマーン・ラーチャトンによれば、タイの都会ではチャレオをさまざまな色糸で作り、水辺のお守りや禁忌の印、さらには出産、葬儀の護符としても用いるという。東南アジアの山岳民族アカ族の結界の門にもチャリオがついている。そして、糸や紐や麦藁で出来たチャレオの類似品が世界中で観察される。太陽の形だとか眼を表しているとされるが、偶然の結果だろうか。無関係にしては形態や名称や使途があまりにも似ている。

人類が文化をもったのはいつの頃だろうか。それに対して、私たちが手にできる情報はいつまで遡れるのだろうか。いくら古い記録であっても、それ以前の何百年、何千年の伝承の結果であることもある。私たちが知り得る期間よりも、記録もなかった期間の方が長いばあいもあるだろう。記録時代にも文化の変容や消滅が少なくないから、最初に記録された時までに変節したり忘失されたものも多かったに違いない。しかし、社会や生活の劇的な変化にもかかわらず、古代から今日までほとんどそのまま伝承されてきたものもある。とすれば、私たちが知る文化の中にもかつて人類が一体として共有したものが残存しているはずである。

そんなことを思いながら、夕暮れにバンコクへ向かう車中で前夜の涼風を懐かしんでいた。

6　夜神楽のあとに

宮崎県椎葉村の中西部にある竹の枝尾《えだお》から、今年は神楽が中止になったとの連絡が来た。村人の高齢化が進んでいるので、不幸でもあったのだろう。

椎葉は前に述べたように、日本の原風景の一つを伝えている。だが、それを紹介した柳田国男が夏ではなくて冬に訪れていたなら、この国の民俗にたいする関心も少し違ったところに焦点が当てられていたかも知れない。初めて椎葉の夜神楽を見たときそう思った。椎葉神楽は戦後まで外部に知られることはなかったのである。

椎葉は日本で最大級の「村」で、竹の枝尾を含む二六の地区(字)に分割されるが、それぞれの地区で一一月から一二月にかけて独特の神楽が夜っぴいて奉納される。日にちが重なることもあって、その全てを見るためには十数年を要すると聞いた。だから、その全ての神楽を知っているわけではないが、嶽《たけ》の枝尾《えだお》神楽がもっとも好きだった。

椎葉の小宇宙

夜神楽は、一口で言えば、年末に山の神が人里に来訪するのを舞踏などで歓待し、再び山に送り返す民間行事で、東北から九州まで、とくに山間の村に伝承されている。おそらく本来は特別の技芸集団が演じたのだろうが、今日では概ねその地の住民たちが演じている。舞手(祝子《ほうり》などと呼ばれる)が面をつけて神を演舞するだけのものが多いが、もとは島根県の大元神楽や備中荒神神楽のように、神が舞手に憑依し託宣もしたのであろう。神楽場(御神屋《みこうや》などと呼ばれる)も本来は臨時に設けられたのだろうが、現在は恒久的な専用建築物であったり民家だったりする。多くは重要無形民俗文化財などの指定を受けているが、過疎と少子化はとくに激しく、どこの神楽も後継者不足に泣いている。しかも、その開催に伴う出費は地区や村民の負担であることが多く、経済的にも危機的状況である。このような祭礼には神人共餐がつきもので、他所《よそ》から見物に来た者にも酒や食物を振る舞うのがしきたりだが、担い手の数が減って神楽の開催さえもままならぬ状態の集落もあり、見学は許すが「接待」はできないと言われたこともある。もちろん、祝儀を包む習慣を知らぬ見学者も少なくない。

村人が神楽を舞う神楽場の天井には、竹芯に紙を貼った天蓋を吊す。この天蓋は、神楽によってアマとかクモとかビャッカイなどさまざまに呼ばれる。天蓋には円形のものと方形のものがあるが、神楽場の四方形と天蓋の円形で、「方円」を表象しているのだと思われる。古代の人々は、大地は四方形で、天空は円形だと考えていたらしい。それで「方円」は、この地上に仮設した小宇宙《ミクロコスモス》である。多くの聖域すなわち神の降臨所はそのような形態をとる。相撲場も同じで、そこでは山と海すなわち世界が闘争するのである。

II-6-1 嶽の枝尾神楽「宿借り」

椎葉神楽の多くのばあい、天蓋の中側には竜が二匹描かれていて、神が水神であることがわかる。それが木ないし竹に降り、引き綱を伝って天蓋のある神楽場に誘導され、祭壇に納まるのであろう。その神の前で生と死が象徴的に演じられ、神あるいは神威が更新されるのである。実際、嶽の枝尾のばあい、夜が明けると、生贄の猪などの供物を並べた庭先で、藁で作った大蛇を日本刀で八つに切って（「綱切り」と呼ばれる）、夜神楽は終わるのである。

とりわけ嶽の枝尾神楽で興味深いのは、日没から翌朝にかけて奉納される約三〇番（地区によって異なる）の神楽のうち、「宿借り」と呼ばれる演目で、毎年のように見学に行った。『備後国風土記』にある蘇民将来《そみんしょうらい》の説話を想起させる芸能で、ばっちょう笠と赤布の頬被りで顔を隠し、草鞋《わらじ》履きで道中脇差を挿し、竹杖を手に、背には箕を積んだ革のトランク（昔は柳行李であった由）を負った旅人が現れて一宿を請う（II-6-1）。旅人が宿を請い、亭主が断る儀礼は、かつて他の地域の神楽にもあり、徳島の山間部などの葬儀にもあったようである。神楽が葬送儀礼と関係が深いことは、神楽の起源が天岩戸《あまのいわと》の前で天宇受売《あまのうずめ》が踊ったこととされるのからも納得できる。事実、宮崎県新富町の百足塚古墳からは、局部を見せて踊った天宇受売を思わせる女人の埴輪が出土している（II-3-2）。嶽の枝尾神楽の宿借りに登場する旅人の扮装は、菅江真澄が岩手県の平泉辺りで見かけ、一七八六年の日記『かすむこ満賀多』で田の神の姿に似ていると述べた鹿踊《カセキドリ》（拃鶏）、すなわち小正月に家々を回って物をねだる異形の者を思い出させる。その姿は、また、関西の満中陰の笠餅に似ている。大きな丸餅を笠を被り杖を突く人物の形に切り分け、遺族で食べる習慣である。頭に三角を被り、手に杖、ガウンを羽織るという姿は、旅装束とも取れるが、あまたの文化で彼岸と此岸の接点に登場する扮装である。

米良の神楽へ

いささか後ろ髪を引かれる気がしたが、この機会にかねて見学したいと思っていた隣の東米良《めら》の銀鏡《しろみ》神楽を訪ねることにした。

米良については、根岸鎮衛《やすもり》(一七三七〜一八一五)の『耳嚢《みみぶくろ》』に「米良山奥人民の事」と題した一文がある。それによると、日向国椎葉山の山奥に、米がなく、木の実や鳥獣を常食し、土間に大筵《ねこだ》を敷いて寝るという、異国としか思えないような生活振りの村がある。米の炊き方も知らないので、こちらで炊いた飯の残りを村の老人に差し出すと、集まった家族の中の幼子に「お前たちは幸せ者だ。こんなに若い時から米の飯を頂けるのだから」と言ったそうである。

その米良の銀鏡に約五〇〇年以上前から伝わるのが銀鏡神楽だと言われる。初めてなので、前日から村に入り、神の依り代でもある面を運ぶ準備の様子や、夜神楽の翌日に銀鏡川である直会《なおらい》も見学することにした。

銀鏡神楽の場合は、神楽場は神社の境内の屋外だが、その両横に立派な見学席が設けられている。しかし、なにぶん吹き曝しで寒いこと限りない。多くの見学者は持ち込んだ布団あるいは寝袋にく

II-6-2 青銅板　オーディンと熊？の頭をもつ兵士

るまって神楽を見る。朝方になりいよいよ冷えこむと、疲れもきわまり、首だけを夜具から出して見るような不精者も出てくる。

神楽に先立って獲ったイノシシ(シカでもよいそうだが、筆者は見たことがない)の生首を神籬《ひもろぎ》の前に並べてある。供物とのことだが、こちらのほうが「神」ではないかと思える。神楽では、面が神ないし神の依り代として扱われることが多い。ヒトは面をつけることによって「ヒトならぬ者」となる。あるいは、「ヒトならぬ者」に憑依されるのである。これは、神楽やわが国に限ったことではない。たとえば、能楽においてヒトの代表であるワキは素面だが、橋がかりを渡り、松に降りるシテは面をつけている。縁日の露天で面が販売されるのもそのためである。

この面は、大昔には、動物の首そのものであったらしい。動物の頭をしたヒトが踊る様子が石器時代の絵に残っている。現代英語で「凶暴」を意味するベアサーク(berserk)の原義は「熊皮を着た」で、北欧神話の主神オーディンの家来集団を指した。バルト海のエーランド島から出土した六世紀頃の青銅板(スウェーデン国立歴史博物館蔵、II-6-2)では、オーディンに従う兵士がクマあるいはオオカミの頭をしている。このような扮装から、たとえば、長江の良渚《りょうしょ》文化(紀元前三〇〇〇年紀)の玉器に見えるヒトの顔の上に獣の顔を彫る意匠や、わが国の兜の前立《まえたて》に獅子の頭をつけたりする習慣が生まれたのであろう。

神籬は神が一時的に降りる場所であるから、人界と神界の境界とも言える。そのような場所に

「神」の首を飾るのである。アイヌの人々は、イヨマンテのおり、クマの首を囲炉裏《いろり》の傍らに据え、その前でさまざまな踊りを舞い、歌を歌う。銀鏡や椎葉の夜神楽も同じように生贄の前で踊るのである。囲炉裏に当たるものは西日本の神楽にはないが、東日本に多い霜月神楽では、舞台の中央に設置される湯釜が囲炉裏の変形だとも解釈できるだろう。

恒例により一二月一三日から始まった夜神楽は、一五日の午後の「神送り」で終わった。一昨日からこの里に降りていた神は再び山へと帰った。直会の猪雑炊《ししずうしい》をふるまわれた見物客も帰路につき、村は元の静けさを取り戻した。

神楽のあとの祭祀

翌朝、銀鏡川の河原で狩られた獣の供養だとされる「ししば祭り」を見学した。その祭祀場は、河原にある三つの大石である。石は「上の河《かみこ》」「中の河」「下《しも》の河」と呼ばれるが、「河」の代わりに「湖」と書いた文献もあるので、河床の水溜まりではないかとも言われるが、むしろ合理化した宛て字だと思われる。

三つの大石は、神宮遷宮の際に川原大祓が行われる三つ石(正式名は「川原祓所」)や琉球の火之神《ヒヌカン》の依り代である三つ石(「御三物《ウミチヌン》」とも呼ばれる)を思い出させる。竈《かまど》の三つ石が鼎《かなえ》や三足土器や五徳に発達したことは疑いない。それは鍋釜を支えるとともに、世界の根源を象徴するものであったらしい。県名の由縁になった盛岡の三つ石神社の巨石や、古代人がその地勢に気づいて真ん中に都を置いた大和三山などはそのような文化の残滓であろう。三柱の竈神や三宝荒神の三宝などは、それぞれの体系における解釈の結果だろうと思う。三つ石の炉は太古の生活形態を現代に残している諸民族のあいだに広く見られるから、もちろん社会階層が成立する遥か以前に遡る文化であった。

どの石が件《くだん》の大石なのか他所者には見当もつかないが、どんな大水にも流されず、村人には一目瞭然だそうである。その「中の河」の前に御幣を立て、火を起こし、イノシシの生首の毛を焼き除く。イノシシの左耳を七片に切り分け、竹串に刺して神饌とするが、もとは肝を用いたそうである。祝詞《のりと》をあげて、イノシシの頬の肉を削ぎ取り、串焼きにして、供えた神酒とともに直会となった。獣の頬の肉を共食するのは、アイヌのイヨマンテと同じである。今日、タイなどの魚の頬の肉を「目の下の肉」と称し、とくに美味だと珍重するのは、神饌たる獲物の頬肉を共食する儀礼に由来するのではないかと思った。

鳥居の十字形

町に出るバスを待つ間に、銀鏡神社の元宮に当たると聞いた宿神三宝稲荷神社に参った。こぢんまりとした神社だが、珍しく鳥居が朱塗りなのは、伏見稲荷に倣ったのであろうか。驚いたことには、その鳥居の額束《がくづか》に白木の長五角形を背景にした白木の十字形がかかっている(II-6-3)。長五角形は、舞手が鉢巻きに挟む紙の宝冠と同じ趣旨だろう。神主の濱砂武昭(故人)によれば、この十字形は槌で、「物事を敲き固める」ことを意味しているのだそうだ。ただし、槌はT型であってはならず、柄は頭を貫いていなければならない。そのうえに、槌にしては頭がどう見ても細すぎるし長すぎる。

　橿原《かしはら》市の古墳から六世紀ごろの鳥形木製品が出土した。翼が胴を貫く十字形であった。弥生時代の村落の門の笠木の上に据えられた鳥形はそのようなものであったろうか。この鳥形が簡略化して、宿神社の鳥居の額束に付けられるようになったのかも知れない。いずれにせよ、王墓などに見られる十字象徴に通じるものであろう。

　葬送の場と神社は異なるとするのは、いわゆる宗教に捉らわれすぎた結果だと思う。教義上の議論や宗教の相違の強調は文化の理解には馴染まない。どの宗教においても、その範囲は曖昧で、かつ時代や地域によって変わるからである。ちなみに銀鏡では江戸時代には仏葬であったが、明治以降は神葬である。

II-6-3 宿神三宝稲荷神社の鳥居の額束

　銀鏡神楽の場合、常には宿神社などに保管されている面が銀鏡神社に運ばれ、それを被った神主が神楽(宿神三宝稲荷大明神)を舞う。言い換えれば、宿神が降りる、あるいは現れる。だから、宿神社にある面は神の半身なのである。ちょうど半身である肉体の残る墓に、去った半身の代わりとして十字表徴を置くように、宿神社の鳥居に木製の十字形が掲げられているのであろう。すなわち、そこが半身と半身が出会う空間である。古いキリスト教会と同じ思想である。古い教会の地下には、しばしばその土地の守護聖人(神道風に言えば「地祇」)が葬られている。よって、教会自体は東を頭、西を足にした十字形の平面となる。このよう意味が派生した。

に教会を建てることをオリエンテーションすなわち「東向け」と言い、のちに「方向づけ」という意味が派生した。

一対の像のあいだを通って

半身と半身を並べる思想は、聖域を示す対像にも見られる。神社、仏閣、王宮、王墓など世界中の聖なる空間の入口には対像がある。これらの対像は、単一の者が分かれた結果であるから相似している。しかし、ヒトの左右のように、全く同一というわけではなく、「似て非なる」ものである。

そのような対像の最古の一例は、先に紹介した大英博物館の「アッシュルナツィルパル二世と聖樹」(I-3-4)であろう。紀元前九世紀にイラクのニムルドの「王宮の間」の玉座の背後を飾っていた石板で、聖樹に鳥形霊(有翼円環に乗った神像)が降りるのを王が迎える図が浮き彫りされている。真ん中の聖樹を、背後に守護霊(背に翼を生やした人物)を伴った人物が左右から挟んでいる。この守護霊および人物は、単一の守護霊および人物の左右の側面を別に描いたもので、立体の表現法だと言われるが、王の姿は、同じ立像の両側面としては矛盾したところ(左腕の位置など)があるから、王および守護霊が半身に分裂している姿ではないかと思う。

ルーブル美術館蔵のイラク・コルサバード出土の「英雄像」一対(II-6-4)も好例である。この五メートル近い雪花石膏の対像は、サルゴン二世(在位前七二一〜七〇五)の宮殿の「玉座の間」の入口に設置されていた。両者とも右手に鎌状の武器を持ち、左手でライオンを抱きかかえているが、身につけている衣装や髪型が異なる。

そのような対像は、わが国でもいわゆる金剛力士や狛犬《こまいぬ》など類例がいくらでもある。ちなみに、金剛力士などの口の開閉を「阿吽《あうん》を表す」というような説明ないし解釈は教義上のものであろう。サルゴン二世の宮殿の「英雄像」では、英雄自身は口を閉ざしているが、左手に抱きかかえられたライオンは一方は口を開き、他方は口を閉ざしている。おそらく古代エジプトの『死者の書』に見える「ウェペト・ラー(wpt-r')」、すなわち口開け儀式に関係があろう。古代エジプトの神官はミイラが完成すると、死者が食べたり呼吸したりできるように口を開ける儀礼を行った。それによって初めて死者は再生が可能となると信じられていた。片方のみが口を開いているのは、対像が生と死を象徴しているとも解釈できるし、生死の中間を表しているとも言えるのである。

II-6-4 サルゴン2世の宮殿の「英雄像」一対

われわれは聖なる空間に入る場合に、そのような対像のあいだを通って行かねばならないのだが、大英博物館の「アッシュルナツィルパル二世と聖樹」の図からもわかるように、異界からの来訪者も対像のあいだを通る必要があったらしい。『創世記』一五章にその場面がある。

アブラハムは神と契約を結ぼうとして、神の指示を仰いだ。そして神の指示どおりに、三歳の雌牛と三歳の雌山羊と三歳の雄羊と山鳩と雛鳩を用意し、二つに切り裂き、向かい合わせに置いた。ただし、鳥は裂かなかった。日が沈むと、突然、煙を吐く炉と燃えさかる松明《たいまつ》が二つに裂かれた動物のあいだを通り過ぎた。

一般に「松明《ラッピード》」と訳される語は語義が不明瞭で、「光明」そのものであったかも知れない。ここでも「炉《タヌール》」が神の依り代であることに興味が惹かれる。半身の動物は、契約の際の割符を象徴しているのだと説明されることもある。しかし、それでは鳥を裂かなかった理由がつかない。鳥は霊魂の表象でもあるから、そもそも半身なのである。『聖書』ではアブラハムの見た夢幻ということになっているが、このような儀礼が行われたのであろう。

ヘロドトス(七—三九)によると、ペルシア王クセルクセスは、長子の出征を免れようとしたリュディア人のピュティオスのその長子を見つけ出してその体を真っ二つに断ち、二つに切った胴体の片方を道の右側に、もう一方は左側に置いて、軍隊にその間を通過させた。トロイア戦争に従軍したと伝えられるクレタのディクテュスが書いた本のラテン語訳と称する『トロイア戦記』(一—一五、四世紀頃)によると、出征にあたって、アガメムノンは兵たちに金を配り、預言者カルカスに雌豚を二つに割かせ、その半身を東西に置かせて、その間を全員で通過したという。

九州の山奥のささやかな民俗芸能や小さな祠かも知れないが、そこには人類の基層文化に通じるものがあると思った。そのように記憶を辿っていると、二時間が瞬く間に過ぎ、バスは宮崎市の大通りを走っていた。

III

森の彼方《トランシルバニア》へ

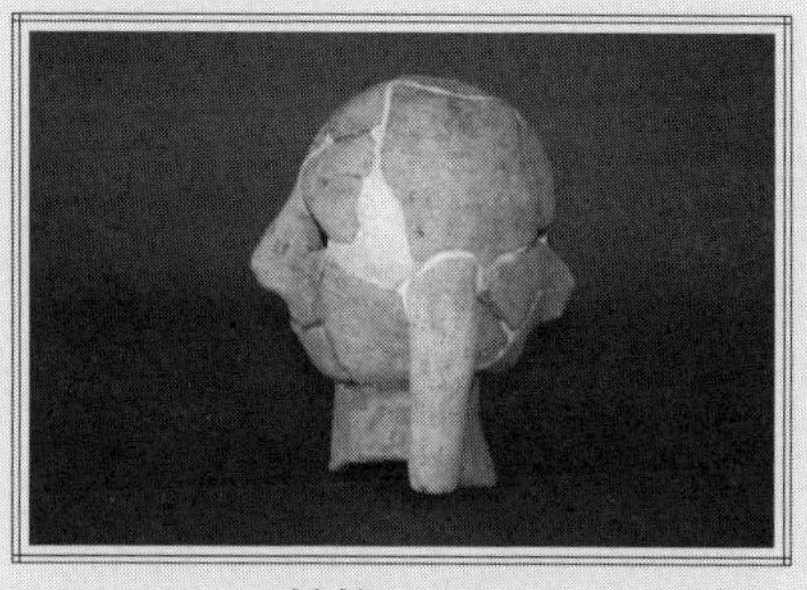

埴輪　双面
（復元，6 世紀前半，
和歌山市岩橋千塚古墳群大日山 36 号墳出土）

1　夏至の夜

歴史人類学者の岡正雄の「オーストリアの冬春の頃」によって、ドナウ河畔の地に日本の祭礼と酷似した行事が存在することを知ったのは何歳の時だったか。少年時代からの拘泥《こだわり》で、とうとうドナウ河を下り、トランシルバニアに向かった。

ドイツ南部の森林地帯「黒い森《シュヴァルツヴァルト》」を水源とするドナウ河は、ウイーンを貫いたあと、ブダペストで南に折れる。そのあとセルビアを通って、再び東に進路を取り、ルーマニアとブルガリアの国境にそって黒海に注ぐ。この黒い森から黒い海に流れる河の東ないし北に、右下がりの「つ」の字形にスロバキアからウクライナ、ルーマニアに延びる山脈がカルパティアで、そのルーマニア域内の部分はトランシルバニア・アルプスとも呼ばれる。

ルーマニアは、この山脈東側と黒海の間のモルドビア(東半分は独立した共和国)、山脈南側とドナウ河の間の平原ワラキア、山脈に抱き込まれたような西側のトランシルバニアに三分される。トランシルバニアと呼ばれる地域は時代によって広狭したが、現在はルーマニアの中央部および西部である。

この地名はラテン語で「森(sylva)の彼方(trans-)の地」という意味で、一二世紀にハンガリー王国の勢力下に入ったころに登場する。ハンガリー王は、神聖ローマ帝国の住民であったドイツ人(「サシ人」と呼ばれる)やセーケイ人(マジャル人の支族)を東の辺境に入植させ蛮夷に対抗させた。当時は、中部ヨーロッパの森林ももっと深く広がっていたから、人々は森を越えて未知の異国へ移住していったのである。そのような雰囲気を伝えるブラム・ストーカーの小説『ドラキュラ』(一八九七年)がトランシルバニアの名を世に広めた。ただしストーカーは現地を訪れたことがなく、彼の描写はエミリー・ジェラルドの名紀行『森のむこうの国』(一八八八年)に基づいたのだろう。

森の彼方の村で

トランシルバニア山脈は、アルプスに比べてなだらかな山並みで、最高峰でも二五〇〇メートルほどである。山頂近くまで広がった牧草地に牛や羊が草を食《は》み、人々は昔ながらの大鎌で草を刈っている。しかし、もともと人々は森に頼って生きてきたから、小さな沢や牧草地の境界には樅の林が残されている。峠の高みから眺めれば、日本の里山に似た山容が、幾重にも国境の彼方へ広がっている。夏にはさまざまな草花が野原を埋め、緑を主色とした「百徳《パッチワーク》」文様の景色となる。

二一世紀に自動車も電気も皆無という未開地はほとんど存在しない。トランシルバニアも、中世から続く町は古い歴史を漂わせているが、他のヨーロッパの街と変わらない。いっぽう、山間の農村には、二〇〇九年にノーベル賞を受賞したヘルタ・ミュラーの初期作品、たとえば『澱み(*Niederungen*)』(一九八二/八四年、山本浩司訳、二〇一〇年)が描いた世界を彷彿《ほうふつ》とさせる生活が残っている。

村に泊まれば、朝凪《あさまだき》に農場へと駆り出される輓馬《ばんば》の蹄《ひづめ》の音と嘶《いなな》きで目が覚めるだろう。朝露に濡れた芝の道端には前週の大雨で溺死した土竜《もぐら》が転がっている。床下を省いた正倉院のような昔ながらの木造の家屋が木立の中に建っている。それも昔を懐かしむ都会人が買い漁って古材にしたために、今ではめっきり少なくなった。窓が著しく小さいのはガラスが貴重だったためであり、また冬の積雪がただならぬためである。屋根の上に異教時代に遡るトーテムの動物(牛、狼、竜など)を意匠にした鉄製の飾りを据えている村もある。扉、柱、冠木に浮き彫りを施した棟門を建てた豪家はすでに町に去り、当主のない古門が文化財として残るのみである。

そのような村でも民宿業で現金収入を得んと、自宅を改修し、給水施設を調え、夫婦の寝室を客に提供する者がある。しかし、旅人も少なく、宿賃も高が知れている。結局、若夫婦は子供を親に託して、都会それも異国の町に出稼ぎに行くこととなる。村には、老人と子供しか残っていない。家では牛と豚と鶏を飼い、庭先には李や林檎などの果樹を植えている。それらの面倒を見るのは祖母の役目である。牛乳を搾り、家畜に餌を与え、敷藁を交換し、糞の始末をする。小漿果《ベリー》を摘んではジャムを煮、果物の屑からは蒸留酒パリンカを作る。酒造小屋には手作りの蒸留器の傍らに夜っぴて火の番をするための寝床が設えてある。機織りはもちろん女の仕事である。毛糸に紡ぐ羊毛を梳く機械を動かす水車の筧《かけひ》の調整もしなければならない。日焼けで年齢がわからぬ老婆が、魔除けの馬蹄を打ち付けた玄関の傍らで犬に餌を与えて、「女の仕事は限りがない」と説明した。

男は、持ち主に託された羊の群れを追って犬といっしょに山の上で夏を過ごす。毎日、乳を搾って、チーズを作る。吊した凝乳袋から水滴がひたひたと落ちる音を聞きながら、赤銅色の顔の牧童頭が「後継者《あとつぎ》が少ない」と零《こぼ》し、パリンカを勧めてくれた。ママリガ(トウモロコシのマッシュポテト風)や乳製品を中心とした食事もそれほど変化に富むわけではない。わずかにジャムとハチミツ(樅の蜜を最上とする)が色を添えるばかりである。何か行事でもなければきわめて単調な日々が続くのである。

夏至の祭りの始まる夜

季節の移ろいは生活に直結するから、自然の中に生きる者は暦に敏感である。それで、一年の節々が祭日という形で社会に記憶された。中でも、夏至は秋の到来を予告する。季節は夏の盛りに向かうが、植物が枯れ、生命が滅ぶ秋を予感させるのである。ふたたび生気が躍動する春が来るまで、死に絶えた時間を過ごさなければならない。再生の春分まで、四分の三の年を待つ必要がある。その時間は、おおむね、ヒトの妊娠期間に等しかった。

トランシルバニアの夏至の祭りは、「スンジエーネ(Sânziene)」と呼ばれる。「聖なるディアーナ」というラテン語が崩れたものだとも、「聖なる精霊たち」という意味だとも言われる。ルーマニアの南部では「ドラガイカ(Drăgaica)」とも呼ばれる。スラブ語系の借用語で「高貴なもの」というぐらいの意味で、やはり精霊を意味する。

伝承では、スンジエーネとは麦畑と既婚女性を守る女神ドラガイカに仕える月の妖精である。ドラガイカは、ローマ神話のディアーナとユーノー、ギリシア神話のアルテミスとヘーラーの融合に当たるとされる。山野を彷徨する女神にスンジエーネの集団が従うが、その数は常に奇数である。そのスンジエーネの代理たるべき乙女たちが選ばれて、村や森を妖精さながらに踊り廻り、妖精に憑依されるのである。

昔の一日は日没に始まったから、ほかの多くの祭礼と同じように、事は前夜から始まる。スンジエーネの場合も、前夜の六月二三日に妖精たちが歩き回り、飛び巡って、穀物に種つけし、女を孕ませ、鳥や獣を殖やし、薬草には効き目を、草花には薫りを与え、人々の病を癒し、作物を冷害や嵐から守ると信じられている。同時にスンジエーネは恐ろしい存在で、蔑《ないがし》ろにすれば、雹が降り、旋風が吹き、人々は病気に罹《かか》り、草木は枯れる。歓喜と悲惨が同居しているのである。このような折には、文化の原理に従って、生(＝性)と死、神聖と汚穢《おわい》、清純と淫蕩の区別が消滅する。

月の妖精たちの花輪

季節の折り目には彼岸と此岸の境界がなくなる。この世の者が天の存在に触れ、祖先が帰って来る時でもある。思春期を迎えた乙女たちは、六月二四日未明に白衣で森に出かけて、キイロカワラマツバ(Galium verum)の花を摘む。現地では祭りと同じ名で呼ばれ、ちょうど夏至に咲くから、農業暦の指標となった。花も葉も茎も根も民間薬の材料になり、眼病や皮膚病に効くと言われる。乙女が摘み残した部分は秋に収穫され、寝床の詰め藁にも使われた。受胎や安産も象徴しているのである。死者が横たわる場ともなる。

乙女らは摘んだスンジエーネで花輪をいくつも作り、その一つを頭に被る。地方によっては、麦穂と一緒に束にして、飾りとして身に纏う。乙女らは森の奥の水辺で森の精霊に供物と頌歌を捧げ、人目を避けて舞い踊る。特に男に見られてはならない。こうして、乙女らはスンジエーネ自体となるのである。乙女らは山野を、そして村を裸足で歌い踊りながら、通り抜けていき、夕暮れとともに家に帰る。裸足によって地母神と接触するのである。

スンジエーネの花輪は窓辺や門柱に吊され、墓地の十字架にもかけられる。さらに、残った花輪を屋根に投げ上げる。もし屋根に止まればその年に結婚でき、落ちればもう一年待たなければならない。年寄りが投げ上げて、花輪が落ちれば、翌年の祭りを見物することはないだろう。屋根の高みに止まれば、これからも末永く生きるだろう。

スンジエーネの花輪は、西洋のクリスマスに家の扉にかけられたり、葬祭に柩に置かれる花輪《リース》に通じるものである。もっと広く、わが国の注連《しめ》飾りの一種である縄の輪や厭勝の茅《ち》の輪なども起源が同じものであろう。その下を潜るのも中を通るのも同じことである。修祓《しゅうふつ》や魔除けのためとか、縁起担ぎという一言で片づけられるが、もともとは、季節の変わり目に去来する霊魂を象徴したのであろうと思う。それを身近にすることによって、生気を得ると考えられた。そのような精霊が屋上に訪れる家には生命がもたらされるのである。

山上の焚き火

いっぽう、少年たちが乙女らとは別に山に登り、あたかも雲南の少数民族の歌垣のように、谷を挟み峰を越えて喚《よ》ばう地方もある。日が落ちると、彼らは樅の松明《たいまつ》をもって岡に登り、炎を頭上に回しながら、声の限りに叫ぶ。夜更けて、松明が燃え尽きると山を降りる。男も女も一緒になって焚き火を作り、それを跳びこえる。漢字の「赤」が火を跳び越える姿に由来し、「赦」の初文であるのと同じ発想である。

山上の焚き火は、太陽が衰え、昼が短くなっていくのを防ごうとする儀礼だと言われる。また、火の力で害悪を焼き滅ぼすのだともされるが、果たしてそうだろうか。むしろ、他界からの来訪者の送迎に登場する燔祭《はんさい》あるいは爟火《かんか》であろう。だから、ヒトや動物が火の中に入るのである。

少女らが花嫁、花婿の扮装をして疑似結婚式を行う村もある。スンジエーネの花輪を枕の下に敷いておけば、夢に宿命の夫が登場するとも言われる。婚姻への思い入れが強いのは、中世では独身主義が「罪」であったからである。おそらく、太古には、A・タルコフスキーの名画『アンドレイ・ルブリョフ』(一九六九年)に描かれたように、森の中で自由な媾合《まぐわい》が行われたのだろう。

西南部の村では、ドラガイカの乙女らは模造の大鎌や剣を携える。大鎌は死神の象徴である。乙女の集団どうしが大鎌や剣で決闘を演じることもあった。それは時に刃傷に及ぶが、流血が再生と犠牲を象徴することは言うまでもない。ここでも死が生の横にある。

ここに掲載した写真(二〇一〇年撮影、Ⅲ-1-1)は例年のものではない。もはや乙女らが森に入ってスンジエーネを摘むことはなくなった。ある地域の有力者が特別に企画し、昔のしきたりを高校生らが再現してくれたのである。自分自身は経験したことのない、わが娘の晴れ姿を撮ろうと、カメラやビデオをもった親たちが群がっていた。

今日のスンジエーネの多くは、地域ごとに編成された少女たちがそれぞれの村の民族衣装に身を固めて、決められた場所、それも公民館など屋内の舞台で群舞を競い、それを大人たちが晴れがましく眺めるものである。会場の周囲には人出を見越した移動式の遊園地や屋台も出る。しかも、小学校において伝統文化教育の一環として歌や踊りが教えられるからか、踊り手の中心は思春期に程遠い、年端もいかぬ子供である。

ルーマニア出身の宗教学者ミルチャ・エリアーデは哲学的な創作も書いた。その自薦代表作『妖精たちの夜』(一九五四年、住谷春也訳)では、主人公と禁断の恋人が夏至の夜にブカレスト郊外の森で宿命的に邂逅する。しかし、そのような神秘はすでに霧散した。もともと世界の各地に夏至の祭りがあったはずだが、トランシルバニアほどにも残っている所がいくつあろうか。今となっては、シェークスピアの『夏の夜の夢』の背景に名残を惜しむか、「ジューン・ブライド」という言葉に痕跡を探るほかないのである。

III-1-1 スンジエーネを摘む乙女たち

2　竜蛇《ドラゴン》の花嫁

夏至の祭りに登場する妖精スンジエーネは、竜蛇に掠《さら》われた乙女で、幽山の館に拘禁されているとも言われる。囚われの身でありながら、年に一度の自由を味わうのだ。

スンジエーネになることは、水神である竜蛇に献げられることを意味する。妖精に扮した娘たちは、森の秘密の場所で全裸になり、沐浴し、夜露に濡れた草原で転がった。そうすることによって、美しく愛される女になると信じられていた。霊泉の精気を得るとともに、森の妻となるのである。定法の物語では、そのような乙女を遠来の英雄が救い出し(森の立場から言えば、奪い返され)、二人が結ばれるのだが、現実には白馬の騎士は現れない。乙女救出の闘争を象徴した模造の武器による剣舞を二組に分かれた乙女たちが踊るだけである。

森の秘儀は男たちには内緒事であったが、彼らはその存在は知っていたに違いない。なかには盗み見する幸運に恵まれた者もいたかもしれない。

一木の僧院

森に住む人々が自らの国を「森の彼方の地」と呼ぶことはない。だから、トランシルバニアとは、域外の人々がつけた名前である。現地のセーケイ人はハンガリー語でエルデーイ(Erdély 森)と呼ぶ。ルーマニア人もそれを借用して、トランシルバニアをアルデアル(Ardeal)とも呼ぶ。

トランシルバニアの村には木の教会がある。ルーマニア正教会の教会で、特に北部のマラムレシュ地方の八院は世界遺産に登録されている。古い様式を伝えていると言われるが、最古でも一四世紀の建立で、一七、八世紀に建てられたものが多い。昔からの聖地に再建されたのである。もちろん、漆喰《しっくい》や煉瓦、石造りのルーマニア正教会も多数ある。そのなかであえて木造であるのは、石造の聖堂を禁じた過去の支配者(ルター派やカトリックのザクセン人やセーケイ人)への反発だとも言われる。しかし、むしろ村民が森に愛着した結果だろう。西側に際立って突出した尖塔を備えた姿は、モミの巨木を連想させる。太古の樹木信仰の面影が残っているように思える。

世界遺産の教会に比べれば無名に近いけれども、キリスト教以前の文化を色濃く伝える教会がある。トランシルバニアを南北に貫き、ドナウ河に合流するオルト河の支流オスタサウ川の岸辺に立つ「一木の僧院(Mănăstirea Dintr-un Lemn)」である。聖堂が西洋楢《オーク》一本を材料にして建てられたのでこの名がある。『アンティオキア総主教マカリオスの旅行記』に載っている縁起によると、一六世紀の初め、ある僧侶がその幹に聖母子のイコンが閉じ込められているのを見つけた。そして、天の声のままに、オークを切り倒し、その木を使って小さな教会を建て、そのイコンを収めた。この旅行記は、アレッポのポールことポール・ザイームが、父親の皇帝派《マラキー》正教会のアンティオキア総主教マカリオス三世ザイームに従って、一六五三年にコンスタンティノープル、ワラキア、モルドバ、ウクライナを経てモスクワに行く旅の見聞をアラビア語で認《したた》めたものだから、おそらく実見もし、近辺の住民に聞いたことであろう。

異伝もある。ワラキア太守が王子の家庭教師に招いたギリシア人学僧クレタのネオピュトスは、一七四五年七月二九日の日誌にこう書いている。

アレッポのポールが述べた聖母像は、ワラキア太守アレクサンドロス・ユプセランテス（在位一五六八～七七）の時代に、ラドゥーという羊飼いが夢のお告げで発見したものである。

ワラキア主教となったネオピュトスはルーマニアの庶民を愛し、教区をまわって人々の生活の向上に尽力したから、この伝承も現地の人々から聴き取ったものに違いない。

縄目の外周と竜蛇のいる内陣

清流の傍らに巨木があって、それに神が降りるのは、世界中で語られる奇跡である。残念ながら最初の聖堂は焼失したため、一八世紀に立派な煉瓦造りの教会が建てられ、イコンはそこに安置された。現存のイコンは、一・五×一メートルの大きさで、幹に閉じ込められていた現物なら、そのオークはどれほどの巨木であったか。巨木が生えていた場所に、一本の木を材料とする僧院が復元された。

この木造の聖堂はきわめて興味深い。元の巨木に注連縄が巻いてあったかのように、四周の外壁には縄目が彫刻されている。古代のヨーロッパには儀礼を行う森があり、それは垣で囲われていたと言われる。わが国の標野《しめの》である。おそらく、パラダイスの原型である。

楽園の中央には水流があって、その岸辺に木が生えていた。そこで生と死が始まる神話はあまりにも多い。いっぽう、島が楽園で、その中央に木が生えている心像もある。水界が囲繞する聖域という想念が、竜蛇が取り巻く楽園という心象となり、壁や注連縄で囲われた禁苑という具体になったのである。縄や綱が蛇を表象する具体例を今さらあげるまでもなかろう。「一木の僧院」は、聖なる空間であると同時に神聖な木であった。

正教会の内陣は、至聖所(すなわち「来世」)と聖所と啓蒙所(すなわち「俗世」)に三分される。最近は、聖所と啓蒙所が区別されないことも多い。女は啓蒙所にしか入れないのが伝統である。至聖所と聖所は壁で仕切られている。この壁は、聖障《イコノスタス》と呼ばれ、出入口が三つついている。「一木の僧院」の王門、つまり聖障の中央の出入口の上には十字架があり、その左右には二匹の竜蛇が彫刻されている。

さらに興味深いことには、木から掘り出された聖母子のイコンの背景には最後の審判の絵が描かれていることが最近の調査で明らかになった。生と死が表現されていたのである。このようなイコンの他例は知られていない。キリスト教以前の異教的な伝承が少なからず観察できるのである。世界遺産の木造教会に樹木信仰の名残を認めるのも、あながち的外《まとはず》れではないと思う。

スキタイの始祖伝承

ルーマニアは古代にはダキアと呼ばれた。その民族はカエサル『ガリア戦記』にも登場するが、二世紀初めにローマに征服されるまで独立した王国で、その軍団は「ダキアのドラゴン」を旗標にした。首が狼で体が竜の怪物である。ルーマニアの民間伝承に登場する三ツ首(あるいは七首か一二首)の竜蛇バラーウルを表したものだと言われる。しかし、ダキア人の出自や現代ルーマニア人との関係については議論が絶えない。

民族としては異なっていたとしても、ドナウ河の北岸ぐらいまでスキタイの文化的な影響があったことは確実である。スキタイとは、ユーラシア大陸の中央部、現在のカザフスタン、パキスタン北部から黒海の北岸にかけてのステップ地帯に広く分布していた古代のイラン系騎馬遊牧民を指してギリシア・ローマ人が使った総称である。タクラマカン砂漠の南のホータン(漢名「于闐《うてん》」)にまで広がり、ペルシア人がサカと呼んだ民族(『漢書』に登場する「塞」と思われる)や、サマルカンド周辺のソグド(漢名「粟特」)なども同族であったらしい。彼らは古代イラン語の方言を話していたようで、ドナウ河、ドニエプル河、ドネツ河などという名前にその名残が認められる。これらの川名は古代イラン語のダーヌ(*dānu-)すなわち「川」に基づくと思われる。なおケルト語との異説もあるが、考古学的資料を勘案すればイラン語系説が有力であろう。

森も移動するらしい。この辺りの古代林は、もっと東にあったようである。ヘロドトス『歴史』(四-六)によれば、黒海の北にヒュライアすなわち森林があり、スキタイの故郷であった。黒海のギリシア人が伝える伝承では、冬至にそこを牛を連れて通りかかったヘラクレスが、転寝《うたたね》の間に輓

III-2-1 三ツ首の蛇と鏡を持つ乙女(レトニッツア遺宝)

III-2-2 騎士と乙女の媾合(レトニッツア遺宝)

馬を盗まれた。馬を盗んだのは洞窟に棲む蛇女だった。英雄は馬を返してもらうために蛇女と契った。そして、生まれた三人の子の末っ子が父ヘラクレスの残した弓を引くことができて、スキタイの王となった。他の伝承では、スキタイの始祖はゼウスとドニエプル河の娘との間にできた三男である。ヒュライアはドニエプル河の東岸とされる。

ドナウ河の南岸、ブルガリアのロヴェチという村で一九六四年に農夫が青銅鍋を掘り出した。後に「レトニッツア遺宝」と呼ばれるものである。その鍋の中には、約五センチメートル角の銀板が二二枚入っていた。紀元前四世紀に、敗色濃いトラキア人が敵のマケドニアの手に落ちるのを恐れて地中に隠したものだろうと言われている。銀板は胸繋《むながい》や尻繋《しりがい》につける杏葉《ぎょうよう》であったらしく、裏面には取り付け金具がついていた。鍍金された銀板には、三ツ首の蛇と鏡を持つ乙女(Ⅲ-2-1)、角の生えた蛇にまたがる女、槍を投じる騎士、騎士と女の媾合(Ⅲ-2-2)など、人物や動物の姿が浮き彫りされていた。銀板には文字が書かれていないので、確実な内容はわからない。しかし、そのうちのいくつかは蛇退治の神話の場面を描いたものだと思われる。多頭の竜蛇と乙女がいた。そこへ英雄が現れて、乙女を奪って妻とし、二人の間に生まれた子が王となった。面白いことには、ほかの女像ではるのであろう。

二重丸で表現されている乳房が、三ツ首の蛇と一緒にいる乙女にはない。処女であることを意味す

蛇退治と蛇女婚姻

英雄の竜蛇退治と水神の女から始祖が生まれる神話はユーラシア全域に流布している。「女」とは、供物として捧げられたり略奪されたりした乙女のばあいもあれば、水神の娘のばあいもある。いずれにせよ、深窓に囲われているその女を、英雄が水神を退治したり、騙《だま》したりして救い出し、わが妻とするのである。もちろん、水神は竜蛇の姿とされることが多い。しかも、それはしばしば多頭や有角を特徴とする。

イランと言語が同系であるインドでは、ダーヌは水神の名前である。前一〇〇〇年紀には成立していたと思われるバラモン経典『リグ・ヴェーダ』では、アスラの竜蛇ヴリトラの母である。アスラとは善神族デーヴァに対立する邪神族で、仏教では阿修羅である。「(世界を)囲むもの」が原義であるヴリトラはデーヴァの主神インドラに退治される。

『リグ・ヴェーダ』と同じ頃に成立したゾロアスター教の聖典『アヴェスター』に登場する魔蛇アジ・ダハーカは首が三つあったが、英雄神スラエタオナに成敗される。この説話は、一一世紀の叙事詩『王書《シャーナーメ》』にも受け継がれる。そこでは、アジ・ダハーカはザッハークとアラビア語風に名前を変え、両肩に蛇を生やした魔王となって登場する。その魔王をフェリードゥーンと近代語風に改称された英雄が退治し、ペルシアの王女姉妹を救出する。英雄の名前には「三男」という意味が

含意されている。スキタイの始祖説話と同じく、末子が成功者となるのである。また、姉妹、あるいは姫と侍女という二人の女が囚われの身になるのも、よくあるモチーフである(『千一夜物語』の枠物語など)。レトニッツア遺宝の銀板でも、媾合の場面では、背後から聖水を注ぐ女が描かれている。その女も先に述べた乳房が表現されている。

蛇退治と蛇女婚姻の伝承は古代のメソポタミアなどにもあり、おそらく青銅器時代以前の古代世界に広く流布していたものが、それぞれの歴史環境や独自の文化の進展に応じて、あるところでは消滅し、あるところでは変容して、また文字文化の世界では古い記録に、無文字文化の場合には口承伝承や儀礼に、断片的に痕跡を留めてきたのであろう。

スキタイの始祖説話は、東南アジアの古代王国扶南やタイのスコタイ王朝の始祖説話にもなっているという説も一概には否定できない。最近の研究では、三ツ首の蛇と乙女の意匠は、古代ローマ以前の地中海に栄えた海洋民族エトルリアの壺絵にも見られることが指摘されている。

何十年か前に廃れたであろう、真夏の夜の幻想、森の聖泉で乙女たちが行う秘儀について尋ねると、村の老婆の顔に生気と悪戯っぽい微笑みが戻り、「昔のことだ。今はしない」と否定するのみで何も語ってくれないのだった。

ルーマニアの国民的作家M・サドヴァーヌ(Sadoveanu)は、近代化の波を浴びながら伝統的な生活を生き抜く人々の姿を美しい自然の中に描いた。彼の作品には、男たちを狂わせる野性的な山の娘がしばしば登場する。『黒い川(*Neagra Sarului*)』(一九二二年、直野敦訳、一九七四年)では、蠱惑《こわく》的で多情な娘が、新しくできた恋人の筏《いかだ》師と筏に乗って逃避行を試みる。ところが山娘と筏師の二人は娘が捨てた羊飼いの待ち伏せを食らった。折からの嵐のなかで相争う三人を乗せた筏は激流のなかへ消えてしまう。一瞥いらい娘に心を奪われていた都会人の「わたし」は、彼らの悲劇を川岸から眺めているほかなかった。その顚末を作家は文章にした。

　異国からの旅人は青山と急流を眼前にして空想に耽るだけであった。

3　獣たちの弔い

社会状況や政治の変化は、およそそれとは無関係な書物も葬り去ることがある。ルーマニアの社会学者でマルキストのアンリ・スタールが一九二〇年代にネレジュ(Nereju)で行った調査の報告も、その一例であろう。

ネレジュは、ワラキアとモルドビアの国境辺りの山間、標高一〇〇〇メートルのプトナ川沿いの寒村で、人々は林業と牧畜を生業としている。スタールはネレジュを「昔ながらの村《アルカイク》」と呼んだ。村人の生活様式が昔のままであったからではない。その民俗文化にキリスト教以前の遺風が観察されたからである。

スタールによるフランス語の報告書は、全三巻一〇〇〇ページを超える大冊となって一九三九年に上梓されたが、今ではほとんど忘れられている。しかしその民俗誌の部分は、ルーマニアの民俗文化について、おそらくもっとも貴重な記録に満ちている。とくに葬祭の記述には心が惹かれる。通夜には化け物の扮装をした人々が訪れるというのである。そして、「これらの習俗は、むろん太古にさかのぼるものだが、跡形もなく消滅していくところである」という言葉に出会うと、消え去る前に見たいものだと焦燥に駆られるいっぽう、一〇〇年近くを経た今では諦めざるを得ないとも思うのであった。

昔ながらの村の葬儀

ネレジュの俗信では、死には必ず予兆があるのだそうだ。しかし、異国の旅人にそんな霊感が働くはずもなく、一平方キロメートル当たり二四人(北海道でも六六人)しか住民のいない村を闇雲に訪れても不幸に出会うことはない。結局、二〇一一年九月、伝手《つて》を頼んで演じてもらうことになった(Ⅲ-3-1)。

村の中央に公民館があって、その一隅に村祭りの道具が保管され、文化祭などでの表彰状が展示してある。その前で、村長が遠来をねぎらってくれた。「今日は長年の夢が叶う」と礼を述べると、「スタールの著書を三巻とも架蔵している」と胸を張った。

葬儀の会場は村外れの一軒家で、小さく区切られた牧場が取り囲んでいる。昔はこの地方でも藁葺きの丸太小屋が普通だったが、その家は漆喰壁でスレート葺きであった。中央の戸口の上の壁には、忌中の印に真ん中をからげた黒幕がかけられている。家は中央の廊下を挟んで左右に一部屋ずつがあるだけだが、この辺りでは標準的な家である。一〇平方メートルもない一部屋の壁の二面には長椅子が取り付けられ、一隅には炊事にも使う暖炉がある。高さ二〇センチメートルほどの特注陶片を階段状に積み上げた、この地域に独特の形である。壁も長椅子も暖炉も赤、緑、白などの原色の花柄や縞模様の毛布で覆われている。長椅子にはクッションが並んでいる。

部屋の片隅には大きな十字架が立てかけてある。この十字架は、われわれの木標のように、埋葬の行列の先頭を行くものである。この国では墓に石板を立てるのが古くからのしきたりであった。いわゆる枕石の変形である。現地の言葉で「スタールキ」と呼ばれるが、「柱」ぐらいの意味だろうか。教会は木の十字架を推奨し、人々は墓石に執着した。そこで、ひとまず墓石の横に木の十字架を立てておくことになった。今では埋葬礼には木の十字架が必須であると聞いた。

暖炉の前に供物棚が設けられている。その上に、果物といっしょに「家族の魂」と呼ばれるお供えの丸いパンが置かれ、それに線香が立てられる。古代インドのピンダ、すなわち死者や先祖への供物である米や麦の団子や、われわれの笠餅に通じるものである。

III-3-1 ネレジュの村の葬儀

棺は部屋の中央で遺体の頭が西に足が東になるように架台の上に設えてある。死者が起き上がったとき、東を向くためである。今日では方向づけるという意味でよく用いられる「オリエンテーション」は、もともと教会を東向きに建てることを意味した。聖所の方角を向いて礼拝するセム族の影響とも言われるが、果たしてそうだろうか。古い教会には太陽光を意識したもの、例えば、夏至の正午に光線が差し込むようなカラクリがあるから、太陽崇拝の影響だとの説も否定しがたいと思う。

その家の老婆が、豪華な民族衣装をまとって棺の中に横たわった。本来なら、死者が息絶えるとすぐに湯灌し、爪を切り、髪を整え、髭を剃る。湯灌に使った器は破壊し、切った爪は必ず棺に入れる。死者には干し草(もとはスンジエーネ＝キイロカワラマツバだったと思われる)を詰めた枕をさせ、その下に湯灌に使った櫛と石鹼と布を置く。死に装束には特段の決まりはないが、復活祭の晴れ着が多いそうである。死に装束はボタンをかけず、紐、ベルトの類も締めない。棺には蓋をせず、遺体の上には布を被せ、顔を除いた全身を包みこむ。死者には幾ばくかの小銭を持たせる。ハンカチに包んで手に持たせたり、上衣のポケットに入れる。彼岸までには二一の関所があって、その通行料だと言われる。

死者の役をしてくれている老婆の腹の上にはイコンが置かれ、その上にトヤグと呼ばれる渦巻き蠟燭《ろうそく》も置かれた。死者の身長と同じ長さの毛糸を芯にして蜜蠟で作ったものだが、慟哭の儀式とミサの折に点されるだけである。トヤグとは「杖」の意味で、死出の旅路の道案内となるので、死者とともに埋葬される。

獣たちとともに

弔問客は蠟燭と花を携えて来る。花を枕元に蠟燭をトヤグの脇に置き、イコンにキスをする。持ち合わせのない者は小銭を置く。子供も抱き上げてキスをさせる。そして、蒸留酒《スイカ》が必ず二杯ふるまわれる。もちろん断ってはならない。一杯目は弔問客自身のために、二杯目は死者の魂のために飲み干す。「神さまが(故人を)お許しくださるように」と言うと、遺族側は「その願いをお聞きくださるように」と応える。そして、供物のパンが分け与えられる。そのあとも蒸留酒とワインが絶え間なく勧められるとのことであったが、今回は模擬儀礼なので、話だけであった。

遺族は喪服の民族服を着る。彼らの民族衣装は、白地に赤をはじめとする多彩な縁取りや模様を刺繍したものだが、喪服は黒が基調である。まだ小学校にも上がらぬ少女までも喪服を着て、怪訝な顔つきながら、遺族や弔問客を演じてくれた。

慟哭の儀礼とは「哭《な》き女」が遺体にすがって泣く儀式である。昔はおそらく世襲の専門職がいたのであろうが、今は村に伝統文化保存会があって、会員がその役を担っている。棺の縁をつかんで泣き崩れる哭き女の台詞は決まり文句である。最初に妹が演じられた。

目をさまして、大切なお姉さん
目を開けて、身内と話をして
大切なお姉さん
もはや会えなくなるのだから
いとしいお姉さん
目をさまして、お姉さん、起きて
まもなく逝ってしまうのだから

目をさまして、身内と話をして
妹たちに声をかけて

次に娘が演じられた。

お母さん、お母さん、お母さん
どうか少しのあいだ
目をさましてください
どうか目を開けて見てください
嘆く息子を
どうか瞼をあげてご覧ください
悲しむ娘を
目をさまして、お母さん
見てください
悲嘆に萎えてしまった私を
目をさまして、おっしゃってください
別れの言葉を
今日が最期となるのですから

お母さん、お母さん、お母さん

これは真に迫って涙ながらの熱演であった。あとで聞くと、この女性は一週間まえに実母を亡くしたとのことであった。

その後にミサがある。村の司祭が実演してくれた。正教の聖職者は、脱俗者というよりは人間の理想像と考えられているから、ある意味で物わかりがよい。結婚もせねばならない。正教では聖歌も楽器を使用しないし、祈禱も聖歌のように唱えられる。弔問客は、司祭と棺を取り囲み、司祭の美声に聴き入る。

狭い部屋は人で溢れそうになるが、弔問客の中に、化け物あるいは獣の仮面を被った者が混じっている。司祭は死者につづいて臨場者すべてにも祝福を与えた。人間とともに百獣が神の言葉に耳を傾けている「楽園図」にありそうな光景である。

化け物の仮面は毛皮製で、頭からすっぽり被るようにできている。毛が長髪や顎髭になっている。顔の部分は毛が抜かれ、目と口の部分は穴が開いている。横に大きく開いた口には豆やトウモロコシでできた歯が、その上には皮で作った鼻がついている。毛が外側になるように毛皮の上衣を裏返しに着て、同色の麻のズボンには鎖の帯を締めている。昔は頭に帽子や熊皮を被り、背中に詰め物を入れて瘤《こぶ》を作ったり、クルミの葉を腰につけることもあった。ヴィクトル・ユーゴー『ノートルダム・ド・パリ』(一八三一年)の設定と同じ聖性の伝承である。

通夜に登場する化け物たちは老人の声色を使い、「年寄り《ウンキエシ》」と呼ばれている。臨終の場には大昔の一族も集うと考えられている。人が死ぬとき彼岸への道が通じ、その道をたどって、先に逝った者たちが集団となって迎えに来るのである。

スタールによれば、通夜に登場するウンキエシは、大晦日から元日にも登場する。年の替わり目は世界あるいは宇宙が更新される時であり、死は人が再生する時であるから、文化の上では同じ意味をもっている。だから、ウンキエシは祖先の姿をしている。それは崩れゆく肉体のようでもあり、観念上の始祖である獣の姿でもある。

境界に現れるものたち

ヘロドトス(四一一〇五)によれば、現在のベラルーシ辺りにネウロイ人という種族が住んでいて、一年に一度、数日間だけオオカミに変身するとある。この伝説はおそらく、自らがオオカミの子孫であるという神話をもつ民族が、年の変わり目という特別の祝祭日にオオカミの扮装をしたことが誤伝した結果であろう。アメリカの先住民やアフリカの例を引くまでもない。近代的宗教による文化破壊が少なかったわが国には、鷺舞や鹿《しし》踊など、動物の扮装で行われる儀礼が伝統芸能としていくつも伝わっている。また、秋田のナマハゲや甑島《こしきじま》のトシドンや八重山のアカマタクロマタのように、季節の変わり目に、大きな鬼面をかぶり、毛皮を連想させる蓑をまとった来訪者が登場する民俗行事が行われる。

スタールが調査した一九二〇年代の通夜には、先に述べたウンキエシだけでなく、さまざまな動物の扮装をした弔問客もあった。また、若い男たちは女装し、目や口に穴を開けた白布で顔を覆った。扮装者はいずれも手に杖を携えていたが、これは彼岸からの遠路を象徴したのかもしれない。あるいは、より古い文化を伝承していると思われる西ウクライナ旧ルーマニア領のフツル人には男女ともに杖を携える伝統があったから、こうした古俗の投影かもしれない。今日では、通夜の弔問に来る仮装者は、先に述べた扮装に限られ、仮に動物に喩えるなら、灰色のオオカミかキツネの印象である。

女装が途絶えたのは、何年も前に某国における国際民俗文化祭に出場したおり、女装の男は悪魔だと非難されたからだと説明された。年末年始の仮装では今も女装がある。また、さまざまな獣や化け物の変装者も登場する。ただその多くは米国映画に登場する怪物である。人びとの間では伝統文化を守るよりも、恒例の行事を楽しもうとする意識の方が強いからであろう。これを伝統の堕落と見なすか、文化の現代化と考えるかは意見のわかれるところだろう。

愁嘆から欣喜へ

悲涙に満ちた通夜は、その後、一変する。庭では大きな焚き火が焚かれる。葬儀があることを知らせるためである。もちろん弔問客は多いほどよい。庭にはテーブルが出されて通夜の食事の用意もされる。

家の玄関口のベランダで、遊技が演じられる。昔は他にもいろいろとあり、芸人を雇うこともあったらしいが、現在では次の二つを村人が演じるだけである。

一つは「蜂が刺した《ボンダリル》」と呼ばれるものである。男が股を開いて中腰になり、両手を横に垂らして、ハチの羽ばたきのように震わせ羽音を口まねる。その左右に立った男が手にした小枝で中央の男の膝を隙につけ込んで叩く。中央の男はその小枝を摑み取ろうとするが、なかなかうまくいかない。摑み取れば役を交代する。

もう一つは「手叩き《バーゼ》」と呼ばれるものである。男が左手で目を覆い、右手を左の脇の下を通して掌を外に向ける。背後で動き回る男の一人が、暴力的な冗談を言いながらその掌を叩く。叩かれた者が叩いた者を言い当てれば、役を交代する。

いずれも初めは静かに始まった遊技も、次第に熱を帯び、男たちが興奮しだすと、自ずと滑稽な所作や罵倒となり、観衆は笑い転げる。観衆とはもちろん弔問客や死者の関係者である。これらの遊技は、昔は若者たちが行ったようだが、今では平日の村に残っているのは高齢者と子供だけである。

ルーマニアでは、何かにつけて人が集まると「円舞《ホラ》」がある。参加者の一体感を作るのだと言われる。ホラとは老若男女の区別なく手を繋いで輪になって踊ることである。右に左に広がったり狭まったりして踊るのだが、基本は左右に足を交差させて踏み替える、いわゆるグレープバイン・ステップである。通夜においても、ホラが踊られる。最初は静かにゆっくりと始まるが、徐々に速くなり、歓声と興奮の坩堝《るつぼ》となっていく。

ホラの合間に「キペルシュ(chipăruș)」という踊りがある。キペルシュとは、おそらくキパロス(chiparos)すなわち「糸杉」の方言形に由来するのだろう。踊り子はすべて男で、毛皮の面を被り毛皮の上衣を着てウンキエシの仮装をしている。通常は一二人が前の者の腰の鎖をつかんで一列になる。先頭の者だけが杖をもっている(Ⅲ-3-2)。彼らは笛と太鼓、その他の弦楽器の調べに乗って、

III-3-2 キペルシュの踊り
こう歌いながら、庭の焚き火の周囲を半円になって踊る。

男よ、樹木よ
今日も太陽が昇っては沈む
ザバラ川はいつもの流れで
黄金《こがね》のマスを育む
この大地が俺たちを支える
俺たちを育てる
行ってしまうのは誰か
若者だ、若者だ、若者だ
見送るのは誰だ
男だ、樹木だ
キプ、キプ、キペルシュ
男よ、樹木よ
悲しまないで、嘆かないで
楽しんで、楽しんで
根っこはこの地では死んでも

あの天に蘇るのだから
塵芥《ちりあくた》に砕けても
古里へ帰るのだから
あれもこれも夢見心地
楽しんで、楽しんで
人びとよ、樹木たちよ
男も女も
飲もう、食べよう、
歌おう、踊ろう
死んだのではない、ただ往ったのだ
古里へ帰っただけなのだ

この場合も、時間とともに音楽は速くなり、踊りも激しくなる。先導者はうしろに繋がった者を振り回して、火の中に踏み込ませようとする。輪はだんだんに縮まって、焚き火の中に入っていく。もうもうと灰が舞い上がり、火の粉が飛ぶ。歓声と音楽の頂点で、昔は遺体と鎖でつながれた若者が復活を演じたと言われる。

愁嘆のあとに欣喜があった。『魏志倭人伝』に、人が死ぬと一〇日間服喪し、他人は「歌舞飲食」するとあるのは、このことであったか。

III-3-3 青銅器　前後に顔のある頭

キペルシュの先導者が手に杖を持ち、数珠つなぎの仲間を従えている姿は、今は廃れた越後瞽女《ごぜ》の旅姿を連想させる。彼女らは単なる芸能者以上の存在ではなかったか。そういえば、彼岸からの来訪者は群来する。ナマハゲもトシドンもアカマタクロマタも、二人三人(二柱三柱?)と連れだって家々にやってくる。アブラハムの天幕を訪れた神は三人の旅人の姿であった。釈迦来迎図は無数にあるが、多くは釈迦が諸仏を率いている。

白川静によると、「道」や「導」は、呪者がヒトの首を手にして先導する修祓を表現したものという。キペルシュの先導者の杖にも、毛皮で作られた首が、しかも前後に一つずつ顔が二ついている。

古代中国には、方相氏という年末の呪祓と葬列の先導を行う者がいた。日本に伝わった方相氏は、四ツ目の面を被って年末に修祓を行うだけの者となったが、朝鮮半島では一九三〇年代まで葬式の先導も行っていた。またこの方相氏は、漢の時代には前後に顔のある面を被っていたと言われる。ローマの境界神ヤーヌス(一月の英語名の起源)のように、年末には去る年と来る年とを見ていたのである。葬祭においては言うまでもなく此岸と彼岸、あるいは生と死を見ているのである。

殷の青銅器に、前後に顔のついた頭像(江西省博物館蔵、III-3-3)がある。使途が不明とされるが、中央に棒をつけるような構造になっている。前に述べたように、宮崎県西都市東米良《めら》の銀鏡《しろみ》神楽は一二月に迎えた神の前で夜通し舞われる。その最後は「神送り」と呼ばれ、前後に二面をかぶった男が神楽場を出て人びとのあいだを踊りまわる。薄明に神を山に送別するのである。二〇〇六年には和歌山の岩橋《いわせ》千塚古墳から前後に顔のついた埴輪が出土している。

ネレジュの通夜を見ているうちに、失われた古代の世界に導かれていった。

後日、モルドビアをウクライナへ抜ける国道で、現実の葬列に遭遇した。先頭に葬幟がはためき、十字架と花輪が進む。司祭が先導する棺は駄馬が引く荷車に載っている。それには黒衣の女が三人すがりついているが、哭き声は聞こえない。その後を喪服の人々が何人も何人も続いた。自動車やトラックが疾走する傍らをあまりにもゆっくりと進むのは、今生に未練があるからか、前夜の盛宴の名残を惜しむのか。行きずりのことだったが、いずれ野辺の煙と消えるか、頭蓋と大腿二本の骨になりはてる身であれば、立ち止まって黙禱しないではおれなかった。

4　ふたたび春を待つ

トランシルバニアの東部の山間に、ハンガリー語でセーケイ(Székely)と呼ばれる地方がある。住民の多くがハンガリー語を母語とし、セーケイ人(ルーマニア語ではセクイ人　Secui)と呼ばれる。一二世紀にトランシルバニアがハンガリー王国に併合される以前からこの土地に住んでいた。アッティラに率いられたフン族の後裔だ、あるいは古代のイラン系遊牧民スキタイの子孫だと言われる。いっぽうで、もっとも正統のマジャル(ハンガリー)の文化を伝承しているともされる。いずれにせよ、ユーラシアの諸文化に見られる冬の祭りの古俗をよく伝えている。

物忌みの前に

セーケイ人は謝肉祭をファルシャング(farsang)と呼ぶ。謝肉祭は、復活祭の前にある四六日間の物忌みの直前に行われる祝祭である。この物忌みの期間は日曜日を数に入れなければ四〇日になるので、四旬節《レント》と呼ばれる。この復活祭の日程は月齢に関係するから、謝肉祭の日は二月の初旬から三月の初旬のいずれかで、年によって異なる。

四旬節は、断食、肉食の忌避を含む節制、祝宴の抑止、懺悔や慈善を行う斎戒の期間であるから、謝肉祭は禁欲の前の放縦に見えるが、起源は古代ローマの冬至祭サトゥルナリアにあるとされる。あるいは、ファルシャングがドイツ語方言のファシング(Fasching)の借用であるので、ゲルマン人の迎春の祭りだとも言われる。

四〇日間という物忌みの期間じたいがキリスト教以前に遡る。死に関わる禁忌の期間は、仏教の四九日、神道の五〇日、イスラム教の四〇日など、宗教が変わっても概ね一月半の期間である。おそらく、屍体が骸骨になるまでの時間であったのだろう。出産後に性交を抑制すべき期間など、諸文化において忌むべき時間となっている。四旬節も冬に別れを告げて春を迎えるまでの禁忌の期間に由来する。また、いわゆる謝肉祭や四旬節のない国や地方においても、正月前後に同じような祝祭がある。

ファルシャングは、「(四旬節前の酒の)振る舞い」が原義だとされる。わが国の「大盤振る舞い」が年賀に来た者に椀飯を振る舞う習慣に基づいたのに似た解釈だが、断食(Fast)に牽強付会した通俗語源説であろう。今となっては原義も定かではないが、セーケイ人らの間では、ファルシャングは冬の人格化(あるいは神格化)したものでもある。かれらは、謝肉祭において、「ファルシャングの葬式」を行うのである。

仮装の男たちの葬列

それは昔の悪漢や化け物の扮装をした者が鞭を鳴らして、人々をかき分けることから始まる。つぎつぎと仮装した者が村の文化会館から出てくる。司祭と助祭が先頭を切っている。その後を民族衣装の人々の列が続く。花婿と花嫁の二人、模範夫婦であったりするが、すべて男が仮装している。その後に笛、太鼓、手風琴などの楽団が続く。その次はロバが曳く荷車である。荷車には棺が載っており、「ここにファルシャング眠る」と書いてある。棺の中には、藁を芯にして洋服を着せ、白布に描いた顔をつけたファルシャングの人形が横たわっている。ファルシャングは陽根を屹立させている。昔は人間がファルシャングを演じることもあったが、最近はなり手がない。荷車の後を、弊衣で女装した男たちがときどき号泣しながらめそめそと歩いていく。葬列につきものの哭き女を演じているのだが、同時に昨年も身を固めなかった不徳を悔いているのである。昔は独身主義は容認されなかった。中世には強制的に結婚させることさえあった。かれら(彼女ら?)は、時に妊婦の姿をしている。かれら(彼女ら?)はファルシャングの妻でもある。この「冬」は死ぬが、新しい「春」が生まれるのである。生命が絶えるわけではない。

一行はきわめて滑稽な風体ながら、厳粛に進んで行く。道の両側を、村人に加えて遠来の観光客が埋める。故郷では廃れた昔の行事を懐かしんでハンガリー本国から訪ねてくる者が増えた。観客が葬列に気をとられているあいだに、道化、死神、化け物、獣など異様な扮装の者が現れる。

道化は、紅白などの反対色の縞や斑や菱文の服を着ている。その文様は、中世以来、疎外者を表示するものであった。昔は専門職の者を雇ったのだろう。放浪芸人であるハーメルンの笛吹き男もそのような服装であったことが、一六世紀の絵に描かれている。近年まで囚人服もしばしば同様の文様であったのは、一瞥で囚人であることを示すためだけではあるまい。トランシルバニアのファルシャングでも、犠牲を象徴する動物の剝製に紅白の布を被せることもある。おそらく旧石器時代の洞窟壁画で動物に施されている黒と赤の斑点にまで遡るもので、非日常を象徴しているのである。道化は動物の首に吊す鈴も身につけている。それは、ヒトと獣の区別がない混沌を象徴している。今日、道化が登場するサーカスでは、ヒトがサルのように綱を渡り、トリのように飛翔するいっぽう、獣がヒトのように二足歩行し、言葉を理解する。要するに、ヒトと動物の差が曖昧となる世界である。

死神は大鎌を携え、棍棒をもった黒い悪魔たちを連れている。毛が外側に出るように裏返しに外套を着て、家畜の鈴をぶら下げ、頭には角の生えた仮面をかぶった者もある。彼岸と此岸がつながる時であるから、あの世の者たちが出現するのである。かれらは見物人を脅しながら、若い女を見つけると、棒で小突いたり、抱きつかんばかりに卑猥な身振りで近づく。人びとは悲鳴をあげながら逃げまどう。しかし顔は笑っている。同伴の男も女性を守ろうとするわけではない。かえって女性をかれらに押しやろうとさえする。かれらに小突かれると子宝に恵まれると言われる。

異様な風体の者が女性の顔に紅や墨を塗りつける。もとは、血と煤であったと思われる。四旬節の最初の日は「灰の水曜日」と呼ばれ、教会に出向いて額に煤で十字を描いてもらう。神学上の解釈は別として、本来は生贄などの聖別を意味したのだと思う。選ばれたものには徴《しるし》が現れるのである。すなわち、スティグマ(烙印/聖痕)である。イスラム教などでは、屠殺の前に動物の首に赤い徴をつける。お多福やひょっとこ、あるいは道化の頰につく赤丸と同じものである。今ではほとんど見られなくなったが、一昔前には、正月の子供の遊技では負けると顔に墨を塗られた。正月にのみ盛んに行われる競技や賭博は、神判を知る術の遊技化したものである。山陰地方などには「墨つけ」という風習が残っていて、小正月に若い男女が墨や鍋墨を付け合う。墨は言うまでもなく煤から作られる。シンデレラは「灰かぐら」という意味である。彼女は聖なる竈《かまど》を守る者であったために灰を被る運命にあり、姉妹の中で聖別されたのである。そういう意味では、祭りにのみ登場するひょっとこ、すなわち「火男」も同じである。さらに、ひょっとこはゲルマン神話のオーディンなどと同じく独眼によって聖性が強調された存在である。

冬を弔い、春を迎える

行進は水場がある村の中央の広場に向かう。そこに村中の人々が集まると、司祭と助祭が進み出る。もちろん本物ではない。司祭は十字架を描いた黒布をケープのように羽織り、帽子を被っている。即席の演台に上ると韻文調の弔辞を長々と読み上げる。担当の若者たちが酒場に集まって、何日もかけて練り上げたものである。だから年ごとに内容が異なるが、決まり文句が少なくなく、最初と最後は半ば定型で、つぎのとおりである。

早くも一年が過ぎ、昔からの習いに従って
この哀れな者を死出の旅につれていこう
楽しくて愉快な者《やつ》だったが
運命には逆らえない

ファルシャングの幸せは終わった
かれの体を敷布に包んで
ふたたびファルシャングの葬列が始まった
ふたたび水場へと向かうのだ

ファルシャングは死ぬのを見ていた
酒盛りの途中でかれの魂は去った
生きているあいだ、かれは幸せだった
だからたった一日で棺架を作った

時間を無駄にせずに棺を作った
泣きもしなければ嘆きもしなかった
そして、この車に乗せて墓へ運んだ
今、ここに私たちの前に横たわっている

ファルシャングの葬式は昔からのしきたり
お祖父さんのお祖父さんから伝わったものだ

だから、わたしたちは守っていく
わたしたちが老いれば、子供たちが守る

将来のことは誰にもわからない
いつまで生きられるのか誰にもわからない
生き残った者だけが見られるのだ
きょう柩車で運ばれるファルシャングを

ファルシャングの告別に集った皆さん
皆さんの名は良き信者と讃えられましょう
そして、退屈なさっていないのなら
聞いてください、わたしの弔辞を

この後、最近の世相を風刺する言葉が長々と続く。鞭がうなって調子をとる。村人の誰それが酔っぱらったとか、今年も結婚しなかったという話題もあり、観衆が笑い転げる。最後の締めくくりは次のとおりである。

咎めるべきことはすべて咎めた

控えめだが褒めることも言った
言い忘れたことがあっても気にしないで
思いどおりに自分の勤めを果たしてくれ

咎められた者は少しは考えてくれ
来年のこの時に再び同じことがないように
さて、今や、お願いします
皆さん、踊りに来てください

さあ、今晩はおおいに騒ごう
宴は明日の朝まで続くのだ
皆さん、だれもかれも、お元気で
来年ふたたび会えるように

鞭を鳴らせ、鞭をはげしく叩け
国中に聞こえるように

ファルシャングは別れを告げている

今年の勤めは終わってしまった
私の生命《いのち》は短かったが幸せだった
村中の酒場にも別れを告げよう
それは私の短い人生のすべてだった

その後、藁人形を棺から引きずり出し、切り刻み、火をつけて燃やす。近くに川がある村では、川に流す。生贄は火あぶりにするか、溺れさせるのがしきたりである。また、さまざまな演し物がある。ときには藁人形の前で模擬決闘が演じられる。騎士などに仮装した者が剣を交わすのである。女装した男が藁人形に馬乗りになって嬌声を発することもある。藁人形の横には、ふつう別の小さな人形が置かれている。村によっては、妊婦に化けた男が出産を演じ、赤ん坊の人形が取り出される。藁人形の子供ということになろうか。

そのあと、広場で円舞となる。昔は男女が出会う場でもあったのである。村はどこでも過疎となった。しかし、ファルシャングには都会に出た若者が故郷へ帰って来て、昔ながらの祭りを見物し、旧交を温め、幸運ならば未来の配偶者も見つけるのである。

ファルシャングとほとんど変わらない祝祭が、ユーラシアの各地にあったと思われる。たとえば、イランの山村の一部では、一九七〇年代までファルシャングとほとんど変わらない祝祭が行われた。そこでは、クーセと呼ばれる人物がファルシャングの役割を果たした(I章4節)。クーセとは髭の薄い者という意味である。男は髭を蓄える風習の国だから、髭が薄いとは中性を象徴する。クーセも毛が外側に出るように裏返しに外套を着て、家畜の鈴をぶら下げ、頭には角の生えた仮面をかぶっている。そして、タマネギと糸巻きで作った陽根をぶら下げ、手に杖をもっている。クーセも乙女に絡んだりするが、手下の者と戦って地面に叩き伏せられる。しばらく長々と地面に横たわったあと、再び立ち上がる。死と再生を演じるのである。それは古い年が去って、新しい年が来ることを象徴した。一九世紀にこの地方を旅行したヨーロッパ人がある寒村でそのような模擬決闘を目撃し、驚きをもって書き残している。棒を片手にした青年と老爺が乙女をはさんで闘ったが、ついに老人が地面に倒れ、勝ち残った若者が女を連れて退場して行った。それは、あらゆる所で幾度となく語られた神話であり、演じられた芝居であり、実現した歴史であった。

文化は時代とともに変わっていく。その結果、世界にはさまざまに異なった文化が生まれた。今日では、いろいろな文化が個性を放っている。しかし、その背後に、おそらくヒトが生まれたときから、変わることなく伝えられているものもあるのではなかろうか。

山は相変わらず聳えているし、川は今日も流れている。春になると去年と同じ花が咲くが、同じ場所ではない。秋には同じ木が実をつけるが、同じ枝ではない。人びとははるか昔から、世界には永遠なるものと永遠ならざるものがあることに気づいていたのであろう。そして、自分たち自身はいずれ消え去るけれども、自分たちの思いは永久に残せると思ったのではあるまいか。毎年くりかえされる自然の周期に託せば、自分たちの思いが世代を超えて永久に伝承されていくと気づいたのであろう。季節が巡り、年が替わって、ふたたび去年と同じだが、去年の繰り返しではない儀礼のなかに悠久の古代につながる事柄を見つけたとき、太古の人びとが託した思いが偲ばれるのである。

あとがき

全集よりも一冊の本が著者を語ることがある。柳田国男の『雪国の春』の初版本を手にしたときそう思った。

この本は、岡茂雄が民族学や考古学への貢献を志して作った岡書院から、昭和三年(一九二八)に刊行された。柳田の侮辱に耐え、その無理難題を半ば意地で叶えたという岡の苦労は『本屋風情』(平凡社、一九七四年)に詳しいが、出来上がった本は惚れ惚れするものであった。岡は頑丈な造本にも拘り、装丁をあえて「装釘」と呼んだと言われるが、本書も堅牢なクロース装である。それをブルーを基調とした絵が飾る。春を告げるネコヤナギを近景に、淡青を刷いた空には二羽の玄鳥《つばめ》が旋回している。遠景には岩木山か残雪の山がくっきりと蒼い稜線を見せ、山裾に芽吹いているのはタンポポだろうか。ネコヤナギの雄花と題簽「雪國の春」は銀泥で刷られている。そして、上の小口は天金ならぬ「天青」である。

収録されている文章は雑誌や新聞にかつて発表された旧稿がほとんどだが、唯一「真澄遊覧記を読む」は出版に際して書き下ろされた。柳田は本書の上梓について細かな注文をつけ、表紙の画家も彼自身が選んだようだが、それもこれも菅江真澄にたいする思い入れの結果ではなかっただろうか。菅江真澄(一七五四〜一八二九)と言えば、今日では、日本の民俗研究あるいはフィールドワークの先駆者として広く知られているが、真澄の名を世に広めたのは、この柳田の文章である。

菅江真澄は、二八歳のときに故郷の三河を捨てて、信州から東北地方一帯を歩き、さらに蝦夷地《えぞ》(北海道)を回り、自分の観察した人々の生活や風土を文章に記録し、絵に描いて約二〇〇冊にまとめ、ついに角館《かくのだて》に客死した人物である。出奔した理由はもとより、実家の所在さえ今もわからない。本草学の知識があったので、一部はそれを活用したようだが、約半世紀の糊口をどのように凌ぎ、旅費を工面したのか、必ずしも明らかではない。ただ、散佚した本も少なくないが、百数十冊の著書が今日に伝わっているのは、真澄の画才と詞藻を珍重した人々があったからに違いなく、彼に好意を寄せ、支援する友人、知人の類いが少なくなかったのだろう。

柳田がどのようにして真澄を知ったかはわからないが、本人の告白が正しければ、初めて東北旅行をした三五歳の頃だろう。そのあと、真澄の生家を求めて、三河を何度も訪問したというから、真澄の書き残したものを評価していただけでなく、真澄の生き様に共感するところがあったのではあるまいか。柳田は真澄を「世に時めくという類の朋友は一人もなかった」孤独な旅人であったように描写する。しかし、当時は、現代の我々とはいささか異なった人間模様があったと知るべきである。例えば、秋里籬島《りとう》『大和名所図会《ずえ》』(一七九一年刊)のタネ本となった手稿本『広大和名勝志』の著者植村禹言は、奈良の疋田《ひきだ》村(現奈良市疋田町)に住んでいた書店の隠居だったぐらいしか情報がないが、禹言の訃報に接した本居宣長が、昔、訪ねてきていろんな話をしたと『玉勝間』で懐かしんでいる。真澄自身、「世に時めく」気持ちなどなかったのではあるまいか。柳田はそのような真澄に憧れ、むしろ、真澄たらんと望んでいたような気がする。そのような思い入れが『雪国の春』の造本や版元にまで拘らせることになったのではなかろうか。

『雪国の春』に再掲された「豆手帖から」は、「東京朝日新聞」に掲載された記事である。一九二〇年、柳田は『遠野物語』の語り部佐々木喜善と神話学者松本信廣を伴って三陸を歩いた。官界を辞し、三年間気ままに旅行できることを条件に、朝日新聞に就職した年である。気仙沼から陸前高田へ行く途中の唐桑《からくわ》で、三陸大津波の話を生き残った女性から聞き、「二十五箇年後」という文を書いた。その津波は一八九六年にあり、二万人以上の死者を出したそうだが、四半世紀後に柳田が話を聞いたときには、津波のあと高台に居を移した人もあるいっぽう、多くは生活のために元の海岸沿いに住み、記念碑は立っているがそれを読む者もいないと言っている。

二〇一五年五月、その気仙沼へ行くことがあったので、唐桑まで出向いた。リアス式の複雑な海岸線の断崖下ところどころに小さな砂浜や防潮堤があり、昔は漁船の退避所だったように見えた。あるいは現在も使われていたのが、今回の災害で廃墟となっているのかも知れない。唐桑半島の中程にある名勝巨釜半造《おおがまはんぞう》は、季節外れなのか、四年前の大津波の影響なのか、訪ね来る人の気配もなく、入口の土産物屋も閉まっていた。波濤が岩を削る音に誘われ赤松林の遊歩道を海岸まで下がると、とりわけ込み入った岸壁に打ち寄せた波が真っ白な飛沫となる勇壮な景色となった。奇岩には名前がついていて、その掲示がある。ひときわ目立つのは「折石《おれいし》」と呼ばれる自然の石柱である。案内板には、幅三メートルで高さ一六メートルだが、一八九六年の津波で先端が二メートルほど折れたと名前の由来が書いてある。果たして、今回の津波では被害がなかったのか。

日が傾いてきた帰路を名勝の入口まで戻って、柳田国男の文学碑に気づいた。「二十五箇年後」にも言及してあった。四年前にはこの文学碑をどれだけの人々が覚えていただろうかと思った。上空にはツバメの群れが回っていた。

その前年、気仙沼に行こうと話していた家人が急逝した。そして、中陰も終わらぬころに、岩波書店の富田武子氏より、『図書』に書いた駄文を中心にして旅の本をまとめてはどうかという話があった。家人がとくに旅行好きだったので、これも因縁かと思い、ありがたく引き受けた。こうして脱稿してみると、同行した旅は一つも話題にならず、結局、彼女への土産話になった。

書物は、映画などのように享受者が多い媒体の常として、関わった人々の合作である。本書のばあいも、富田氏のほか、編集部の渡部朝香氏などさまざまな方の助力を得た。いちいち断らなかったが、内外の先学や友人にたいするとともに感謝の念を表しておきたい。

二〇一五年十二月

奥西峻介

初出一覧

（本書収録にあたり全篇にわたって手を入れた）

Ⅱ-2　魚を食べる日　『図書』二〇一四年二月号
Ⅱ-3　象の島へ　『図書』二〇一三年八月号
Ⅱ-4　扶南幻想　『図書』二〇一四年五月号
Ⅱ-5　タイの六芒星　『図書』二〇一三年一〇月号
Ⅲ-1　夏至の夜　『図書』二〇一一年九月号
Ⅲ-2　竜蛇の花嫁　『図書』二〇一一年一〇月号
Ⅲ-3　獣たちの弔い　『図書』二〇一一年一二月号
Ⅲ-4　ふたたび春を待つ　『図書』二〇一二年一月号

主要参考文献

（古典および本文中に書誌を掲げたものを除く）

石田英一郎『河童駒引考』筑摩書房，1948 年.
石塚尊俊『西日本諸神楽の研究』慶友社，1979 年.
泉井久之助『ヨーロッパの言語』岩波書店(岩波新書)，1968 年.
伊藤義教『古代ペルシア』岩波書店，1974 年.
井本英一『死と再生』人文書院，1982 年.
岩田慶治『日本文化のふるさと』角川書店(角川新書)，1966 年.
ヴァーンベーリ・アールミン『ペルシア放浪記』小林髙四郎他訳，平凡社(東洋文庫)，1965 年.
折口信夫『古代研究』第二部「国文学篇」大岡山書院，1929 年.
梅原末治『殷墟』朝日新聞社，1961 年.
岡正雄『異人その他』言叢社，1959 年.
小林太市郎『漢唐古俗と明器土偶』一條書院，1947 年.
小南一郎「良渚文化の王冠」『泉屋博古館紀要三〇』，2000 年.
五来重『葬と供養』東方出版，1992 年.
白川静『詩経研究通論篇』朋友書店，1981 年.
―― 『説文新義』五典書院，1969-74 年.
相田洋『中国中世の民衆文化』中国書店，1994 年.
鳥越憲三郎他『倭族トラジャ』大修館書店，1995 年.
中務哲郎『物語の海へ』岩波書店，1991 年.
―― 『ヘロドトス「歴史」』岩波書店，2010 年.
濱砂武昭他『銀鏡神楽』弘文堂，2012 年.
ハーンサリー他『ペルシア民俗誌』岡田恵美子他訳，平凡社(東洋文庫)，1999 年.
本田安次『霜月神楽之研究』明善堂書店，1954 年.
南方熊楠『南方随筆』岡書院，1926 年.
柳田国男『先祖の話』筑摩書房，1946 年(私家版 1962 年).
―― 『月曜通信』修道社，1954 年.
ラーチャトン，アヌマーン『タイ民衆生活誌』森幹男訳，井村文化事業社，1979-84 年.
渡辺千香子他『世界美術大全集(東洋篇一六)西アジア』小学館，2000 年.
渡辺伸夫『椎葉神楽発掘』岩田書院，2012 年.

Andersen, Jørgen (1977). *The Witch on the Wall.* Copenhagen: Rosenkilde and Bagger.
Ariès, Philippe (1960). *L'Enfant et la vie familiale sous l'Ancien Régime.*

Paris: Plon.（杉山光信他訳『〈子供〉の誕生』みすず書房，1980年）
Benveniste, E. (1942). 'Persica', *Bulletin de la Société de Linguistique de Paris*, N°30.
Bartholomae, Ch. (1904). *Altiranisches Wörterbuch*. Strassburg: Verlag von Karl J. Trübner.
——— (1906). *Zum altiranischen Wörterbuch*. Strassburg: Verlag von Karl J. Trübner.
Cameron, V. (1990). 'Political Exposures: Sexuality and Caricature in the French Revolution', *Eroticism and the Body Politic*. Baltimore: Johns Hopkins University Press.
Conybeare, F. C. *et al.* (1913). *The Story of Aḥiḳar. 2nd ed.* Cambridge: The University Press.
Czigany, I. (1984). *The Oxford History of Hungarian Literature*. Oxford: Clarendon Press.
Darmesteter, James (1883). *Études iraniennes*. Paris: F. Vieweg.
Eilers, Wilhelm (1988). *Der Name Demawand*. Hildesheim: Georg Olms Verlag.
Elworthy, F. T. (1895). *The Evil Eye*. London: John Murray.（奥西峻介訳『邪視』リブロポート，1992年）
——— (1900). *Horns of Honour*. London: John Murray.
Frazer, James G. (1900). *The Golden Bough. 2nd ed.* London: Macmillan.
——— (1918). *Folk-lore in the Old Testament: Studies in Comparative Religion, Legend and Law*. 3vols. London: Macmillan.
Gabrieli, G. (1929). 'Natale Grecosalentino', *Il Salento, almancco illustrato*.
Gaster, Th. H. (1969). *Myth, Legend and Custom in the Old Testament: Comparative Study with Chapters from Sir James G. Frazer's Folklore in the Old Testament*. New York: Harper & Row.
Gerard, Emily (1888). *The Land beyond the Forest*. New York: Harper & Brothers.
Grenet, F. (1984). *Les pratiques funéraires dans l'Asie centrale sédentaire de la conquête grecque à l'islamisation*. Paris: Centre national de la recherche scientifique.
Gropp, G. *et al.* (1969). *Altiranische Funde und Forschungen*. Berlin: de Gruyter.
Giedion, S. (1962). *The Eternal Present: The Beginning of Art*. Washington: Pantheon Books.（木村重信訳『永遠の現代』東京大学出版会，1968年）
Goloubew, V. (1924). 'Mélanges sur le Cambodge ancien', *Bulletin de l'École française d'Extrême-Orient*, N°24.

Hamilton Grierson, P. J. (1903). *The Silent Trade*. Edinburgh: William Green & Son. (中村勝訳『沈黙交易』ハーベスト社, 1979 年)
Herzfeld, E. F. (1941). *Iran in the Ancient East*. Oxford: Oxford University Press.
Hoffmann, K. (1969). 'Avestan *daxma-*', *Zeitschrift für vergleichende Sprachforschung auf dem Gebiete der indogermanischen Sprachen, begr. von K. Kuhn 79*. Berlin.
Kent, Roland G. (1953). *Old Persian. 2nd. ed*. New Haven: American Oriental Society.
Menocal, M. R. (1987). *The Arabic Role in Medieval Literary History*. Philadelphia: Univ. of Pennsylvania Press.
Mellinkoff, Ruth (1970). *The Horned Moses in Medieval Art and Thought*. Berkeley: University of California Press.
——— (1993). *Outcasts*. Berkeley: University of California Press.
Morier, J. (1812). *A Journey through Persia, Armenia, and Asia Minor, to Constantinopole, in the Years 1808 and 1809*. London: Longman.
Paul of Aleppo. (trans. by F. C. Belfour) (1836). *The Travels of Macarius: Partriarch of Antioch*. London: The Oriental Translation Fund of Great Britain and Ireland.
Potts, Albert M. (1982). *The World's Eye*. Lexington: The Univeristy Press of Kentucky.
Prichard, J. C. (1848). *The National History of Man. Enlarged ed*. London: Hippolyd Bailliere.
Russell, J. R. (1987). *Zoroastrianism in Armenia*. Cambridge: Harvard University.
Schmidt. E. F. (1953). *Persepolis I: Structure, Reliefs, Inscriptions*. Chicago: University of Chicago Press.
Stahl, H. H. (1939). *Nerej, un village d'une région archaïque*. Bucarest: Institut de Sciences Sociates de Roumanie.
Torelli, Mario (2000). *The Etruscans*. London: Thames & Hudson.
Vi Văn An *et al.* (2004). 'Rice Harvest Rituals in Two Highland Tai Communities in Vietnam', *The Art of Rice*. Los Angeles: University of California Press.
Wallis Budge, E. A. (1907). *The Nile: Notes for Travellers in Egypt. 10th ed*. London: Thos. Cook & Son.
Weißbach, F. H. (1911). *Die Keilinschriften der Achämeniden*. Leipzig: J. C. Hinrichs.

図版出典一覧

I

章扉　Flandin, Eugène, *Voyage en Perse*, Paris: Gide et J. Baud, 1851 の挿絵.

I-2-1　Schmidt. E. F., *Persepolis I: Structure, Reliefs, Inscriptions.* Chicago: University of Chicago Press, 1953(一部修正).

I-2-2　メトロポリタン美術館蔵(筆者による模写).

I-3-1　Maspero, G. (ed. by A. H. Sayce, trans. by M. L. McClure), *History of Egypt, Chaldœa, Syria, Babylonia, and Assyria. vol. 9.* London: The Grolier Society, 1903.

I-3-2　Morier, J., *A Journey through Persia, Armenia, and Asia Minor, to Constantinopole, in the Years 1808 and 1809.* London: Longman, 1812.

I-3-3　Wikimedia Commons: The Persian Soldiers(一部修正).

I-3-4　渡辺千香子他『世界美術大全集(東洋篇 16)西アジア』小学館，2000 年.

I-3-5　群馬県伊勢崎市豊城街横塚出土，土製，古墳時代(6 世紀)，東京国立博物館蔵.

I-4-1　Maspero, *op. cit.*

I-5-1　京都大学学術調査隊『文明の十字路』平凡社，1962 年.

I-6-1　Vanden Berghe, Lous, *Reliefs ruppestres de l'Iran ancien.* Bruxelles: Musées royaux d'Art et d'Histoire, 1984.

II

章扉　中国社会科学院考古研究所ホームページより.

II-1-1　筆者蔵.

II-2-1　福島県教育委員会『福島県文化財センター白河館研究紀要 2001』福島県文化財センター白川館，2001 年.

II-3-1　Wikimedia Commons: Sheela.

II-3-2　新富町教育委員会『新富町文化財調査報告書第 36 集』宮崎県新富町教育委員会，2003 年.

II-4-1　『ボルドー展』TBS／国立西洋美術館，2015 年.

II-4-2　『ペルシア文明展』朝日新聞社／大阪歴史博物館，2007 年.

II-5-1　岩田慶治『東南アジアのこころ』日本放送協会出版，1985 年.

II-5-2　椎葉民俗芸能博物館蔵，筆者撮影.

II-6-1　筆者撮影.

II-6-2　Stjerna, Knut, (trans. by J. R. Hall), *Essays on Questions connected with the Old English Poem of Beowulf*. London: Curtis & Beamish, 1912.

II-6-3　筆者撮影.

II-6-4　(左)Orthmann, Winfried, *Der alte Orient*. Berlin: Propyläen Verlag, 1975.　(右)渡辺千香子上掲書.

III

章扉　『平成 20 年度特別展図録　岩橋千塚』和歌山県立紀伊風土記の丘, 2008 年.

III-1-1　筆者撮影.

III-2-1　『トラキア黄金展』日本対外文化協会／古代オリエント博物館, 1994 年.

III-2-2　上掲書.

III-3-1　筆者撮影.

III-3-2　筆者撮影.

III-3-3　高濱秀他『世界美術大全集(東洋篇 1)先史・殷・周』小学館, 2000 年.

奥西峻介
1946年生まれ．京都大学大学院博士課程中退．大阪大学名誉教授．専門：比較民俗学．主な著訳書に『アジア女神大全』(共編著，青土社)，『中東世界』(共著，世界思想社)，『邪視』(訳，リブロポート)，『ペルシア民俗誌』(共訳，平凡社)，『ペルシア神話』(共訳，青土社)，『バハイ教』『イスラム教』『ゾロアスター教』(以上，訳，青土社)ほか．

遠国の春

2015年12月15日　第1刷発行

著　者　奥西峻介《おくにししゅんすけ》

発行者　岡本　厚

発行所　株式会社 岩波書店
〒101-8002 東京都千代田区一ツ橋2-5-5
電話案内 03-5210-4000
http://www.iwanami.co.jp/

印刷・精興社　製本・牧製本

ISBN 978-4-00-061093-3　Printed in Japan

ヘロドトス
歴史（上・中・下）　松平千秋訳　岩波文庫　本体（上）一二〇〇円（中）九四〇円（下）一二〇〇円

クセノポン
アナバシス
——敵中横断六〇〇〇キロ　松平千秋訳　岩波文庫　本体一〇八〇円

木綿以前の事　柳田国男　岩波文庫　本体九四〇円

おもろさうし（上・下）　外間守善校注　ワイド版岩波文庫　本体各一七〇〇円